Copyright © 2018 de Luiz Eduardo Celidonio
Todos os direitos desta edição reservados à Editora Labrador.

Coordenação editorial
Diana Szylit

Capa
Anna Petrosino

Diagramação
Felipe Rosa

Revisão
Tarcila Lucena
Ana Maria Fiorini
Marina Saraiva

Dados Internacionais de Catalogação na Publicação (CIP)
Andreia de Almeida CRB-8/7889

> Celidonio, Luiz Eduardo
>   Mulheres que voam : as primeiras a conquistar os céus / Luiz Eduardo Celidonio. — São Paulo : Labrador, 2018.
>   160 p. : il.
>
> ISBN 978-85-93058-68-4
>
> 1. Aeronáutica - História 2. Aviadoras - História 3. Aviadoras - Biografia I. Título
>
> 18-0143   CDD 629.13009

Índices para catálogo sistemático:
1. Aeronáutica - História

Editora Labrador
Diretor editorial: Daniel Pinsky
Rua Dr. José Elias, 520 - Alto da Lapa
05083-030 - São Paulo - SP
Telefone: +55 (11) 3641-7446
Site: http://www.editoralabrador.com.br
E-mail: contato@editoralabrador.com.br

A reprodução de qualquer parte desta obra é ilegal e configura uma apropriação indevida dos direitos intelectuais e patrimoniais do autor.

CRÉDITOS DAS IMAGENS

Imagens de capa: Acervo do autor

pág. 14: Roger B. Whitman Early Aviation Photograph Collection/National Air and Space Museum, Smithsonian Institution/Reprodução

pág. 18: George Grantham Bain Collection/Library of Congress

pág. 27: National Archives and Records Administration

pág. 32: National Archives/WWII Museum

pág. 36: Reprodução/Hargrave Pioneers

pág. 39: Daventry/Imperial War Museums/UK

pág. 42: Russian Photoarchive/Reprodução

pág. 48: Museum of Flight/Reprodução

pág. 54: Allgemeiner Deutscher Nachrichtendienst –Zentralbild/Reprodução

pág. 62: Kassel/Archiv der Gerhard-Fieseler-Stiftung

pág. 68: Library of Congress/George Grantham Bain Collection/Wikimedia Commons

pág. 80: Muzeyat Na Aviatsiyata (httpwww.airmuseum-bg.com)

pág. 86: José Moura Pereira (http://pontevertical.blogspot.com.br)

pág. 89: Smithsonian/Reprodução

pág. 97: Aeroclube de São Paulo

pág. 104: Museu da TAM - Arquivo do autor

pág. 115: *Hyodo Tadashi sora wo tobimasu*, Atlas Publishing, Japão

pág. 118: Oakland Tribune Photo/Reprodução

pág. 133: A Fleeting Place/Reprodução

pág. 150: Zamane/Reprodução

SUMÁRIO

LINHA DO TEMPO

8 de março de 1910
Raymonde de Laroche recebe o brevê

1º de agosto de 1911
Harriet Quimby recebe o brevê

18 de agosto de 1911
Hilda Hewlett recebe o brevê

22 de agosto de 1911
Lydia Zvereva recebe o brevê

13 de setembro de 1911
Amelie Beese recebe o brevê

19 de outubro de 1911
Bozena Laglerová recebe o brevê

1912
Raïna Kassabova voa em missão militar

17 de março de 1922
Tereza di Marzo e Anésia Machado fazem o primeiro voo solo

31 de março de 1922
Tadashi Hyodo recebe o brevê

6 de agosto de 1934
Li Xiaqing recebe o brevê

30 de abril de 1938
Margot Duhalde recebe o brevê

Março de 1951
Touria Chaoui recebe o brevê

INTRODUÇÃO: O começo da aviação................7

Capítulo 1 - FRANÇA................12

Capítulo 2 - ESTADOS UNIDOS................16

Capítulo 3 - INGLATERRA................34

Capítulo 4 - RÚSSIA................40

Capítulo 5 - ALEMANHA................52

Capítulo 6 - REPÚBLICA TCHECA................67

Capítulo 7 - BULGÁRIA................78

Capítulo 8 - BRASIL................84

Capítulo 9 - JAPÃO................106

Capítulo 10 - CHINA................116

Capítulo 11 - CHILE................131

Capítulo 12 - MARROCOS................148

EPÍLOGO................155

REFERÊNCIAS................157

Agradecimentos

Escrever um livro dá a muitos a impressão de ser uma atividade solitária. Quando estou escrevendo, vivo o que escrevo, vivo o livro, mas daí até chegar ao produto final é algo que requer a colaboração de muitas pessoas.

Este livro em especial exigiu a tradução de livros em várias línguas, como tcheco, chinês, japonês, búlgaro, inglês e francês. Eu não chegaria a seu final sem a contribuição de pessoas queridas, como minhas irmãs Rachel e Fernanda Celidonio, meus primos Eliza e Thomas Corbett, minha amiga Dodi Chansky e, em especial, Ana Claudia Alves de Sá, que se encantou com as histórias e dedicou precioso tempo em longas traduções, sem falar de todos os envolvidos profissionalmente com as traduções. Tudo isso fez da escrita deste livro muita coisa, menos uma atividade solitária.

INTRODUÇÃO:
O começo da aviação

A França foi o primeiro país a se tornar o centro aeronáutico do mundo. Era para lá que seguiam todas as pessoas interessadas no assunto no final do século XIX e início do XX.

O Brasil possui um paralelo histórico curioso com a França no que se refere a seus pioneirismos. O primeiro exemplo é o brasileiro Bartolomeu Lourenço de Gusmão, precursor no ensaio de voos de balão, nascido na cidade de Santos em 1685. Homem inteligente, terminou o seminário em 1699 e ordenou-se padre em 1708. Nessa época já tinha dado início às invenções e foi o primeiro brasileiro a receber a outorga de uma patente. Embarcou para Portugal e foi bem recebido por d. João V. Recebeu do rei o registro para um *instrumento para se andar pelo ar*, mais tarde reconhecido como balão. Após o recebimento do título, em 19 de abril de 1709, o padre voador, como Gusmão ficou conhecido, pôs-se aos testes. Depois de algumas experiências, em 3 de outubro do mesmo ano, com um balão grande, mas incapaz de levar um homem, Gusmão assistiu com sucesso a um voo completo: o balão, inflado com ar quente, subiu, permaneceu algum tempo em voo e desceu suavemente para o pouso. Cinco testemunhas assistiram ao feito: o cardeal italiano Michelangelo Conti, eleito papa Inocêncio XIII em 1721; os escritores Francisco Leitão Ferreira e José Soares da Silva, nomeados membros da Academia Real de História Portuguesa em 1720; o diplomata José da Cunha Brochado; e o cronista Salvador Antônio Ferreira. E por que não houve entusiasmo geral incentivando as pesquisas? Por medo. As testemunhas achavam muito arriscado, além de se tratar de uma "máquina" sem controle, na qual um homem se tornaria refém dos ventos.

Bartolomeu de Gusmão morreu cedo, em 18 de novembro de 1724, com apenas 38 anos. Anos mais tarde, os irmãos franceses Joseph e Étienne Montgolfier, retomando o assunto, iniciaram testes e voos em 1783, agora em balões com capacidade para transportar pessoas. Foi nesse cenário que surgiu a primeira mulher do planeta a tirar os pés do chão.

No ano seguinte, 1784, o rei Gustavo III da Suécia, em visita a Lyon, na França, foi recebido por Luís XVI e por sua esposa, Maria Antonieta, e assistiu a um voo de balão em sua homenagem. O balão La Gustave, construído pelos irmãos Montgolfier, utilizava ar quente para ascender, como o de Bartolomeu de Gusmão.

No dia 4 de junho de 1784, vestida como a deusa Minerva, a cantora de ópera Elizabeth Thible subiu a bordo do balão na companhia do piloto, o monsieur Fleurant. Durante a subida do balão, Elizabeth cantou duas canções de *La Belle Arsène*, uma famosa ópera de Monsigny, para os reis que os assistiam acompanhados por uma multidão que havia ajudado na decolagem, segurando as cordas que mantinham o balão firme para que os passageiros embarcassem. O voo durou 45 minutos, atingindo uma altura de 2.590 metros e percorrendo três quilômetros. No pouso, a cesta bateu no chão e se desequilibrou; Elizabeth torceu o tornozelo, mas nem por isso perdeu sua graça. Monsieur Fleurant considerou o voo bem-sucedido e elogiou muito a coragem de madame Thible para a imprensa.

Foi, portanto, em 4 de junho de 1784 que se iniciou a participação feminina na aviação, pois Elizabeth, embora não fosse aviadora, foi a primeira mulher do mundo a tirar os pés do chão, abrindo as portas para que outras mulheres dotadas de espírito de aventura tivessem a coragem de seguir seus instintos e realizar seus desejos.

A aviação continuou se desenvolvendo na França. Data de 1798, em Paris, a primeira ascensão exclusivamente feminina, com as senhoritas

Labrosse e Henry. Em 1805, Madeleine Sophie Blanchard fez seu voo solo e ficou famosa com suas demonstrações, sendo nomeada por Napoleão Bonaparte "Aeronauta do Império". Bonaparte começou a fazer uso militar dos balões para voos de espionagem e para observar a movimentação na retaguarda do inimigo, estudando o terreno da batalha. Com ele foi criado o primeiro corpo militar de balões.

Ainda na era napoleônica, em fins do século XIX, Paris já era uma cidade avançada, com automóveis e balões, e foi para lá que se dirigiu um brasileiro pioneiro no campo da aviação, Alberto Santos Dumont. Ao chegar, inteirou-se de tudo o que se passava no mundo do balonismo e pôs-se, junto com mecânicos e construtores franceses, a desenvolver seus próprios modelos. Com o uso de motores, os balões passaram a se chamar dirigíveis, e Santos Dumont construiu uma série deles. Em 1903, a cubana Aída de Acosta pilotou o dirigível n. 9.

O rico empresário Henri Deutsch, entusiasta do esporte, ofereceu um prêmio de 100 mil francos para quem conseguisse, a bordo de um dirigível ou aeronave, decolar, dar a volta em torno da Torre Eiffel e pousar no mesmo local de partida. O prêmio era válido para os anos de 1901, 1902, 1903 e 1904, entre os meses de abril e outubro, e a viagem em volta da torre devia encerrar-se no máximo em trinta minutos. Santos Dumont não era o único a cobiçá-lo. O conde Zeppelin, por exemplo, iniciou a construção de vários dirigíveis. E a própria França possuía bons construtores, como Louis Blériot, Gabriel Voisin, Henri Farman e Léon Delagrange.

A 19 de outubro de 1901, Santos Dumont ganhou o prêmio Deutsch com seu dirigível n. 6 e, junto com o prêmio, a fama. Foi caricaturado, biografado, musicado, esculpido, pintado, endeusado e anedotizado. Com toda a França trabalhando no desenvolvimento aeronáutico, foi Santos Dumont que recebeu o título de Cavaleiro da Legião de Honra da França, no final de março de 1905, mesmo ano de fundação, em Paris, da Federação Aeronáutica Internacional (FAI). Logo surpreendeu mais uma vez os franceses e o mundo: auxiliado por Gabriel Voisin, alçou voo com o 14-Bis, em 23 de outubro de 1906, ganhando outro cobiçado prêmio, o Archdeacon. Provou em definitivo que o homem conseguia voar em algo "mais pesado que o ar", com controle do instrumento, decolando e pousando. A partir de então, vários franceses, construtores e pilotos, começaram a pôr no ar suas invenções, que se aperfeiçoavam a cada novo modelo. E as mulheres acompanhavam as novidades.

A escultora Thérèse Peltier interessou-se pela aviação por meio de seu amigo Léon Delagrange. Tornou-se sua passageira em 8 de julho de 1908 em um voo de 30 minutos e 28 segundos, o que aumentou seu interesse por aviões a ponto de aprender a pilotá-los. Seu primeiro solo foi em um modelo Voisin. Quando Delagrange apresentou-se em voos pela Itália, ela o acompanhou em Turim e Roma, numa bem-sucedida performance. Thérèse relatava os voos aos repórteres franceses que acompanhavam os eventos. Num dado momento da turnê, em 27 de setembro de 1908, fez um voo solo de 200 metros a uma altura de aproximadamente 21 metros, na praça Militar em Turim. Thérèse nunca chegou a fazer os exames necessários para adquirir sua licença oficial de piloto, e quando Delagrange morreu em um acidente em Bordeaux, em 4 de janeiro de 1910, ela abandonou a aviação.

Em 25 de julho de 1909, Louis Blériot consagrou-se como o primeiro piloto a atravessar o canal da Mancha. A essa altura, a aviação já era uma realidade, espalhando-se pelo mundo. Em 1910, a FAI, então com cinco anos de existência, tinha em seus registros 1.150 pilotos de balão, 44 pilotos de naves aéreas e 592 pilotos de avião, sendo 352 (63%) da França, 43 da Grã-Bretanha, 38 da Alemanha, 35 da Rússia e 31 da Itália. A Bélgica possuía 24 pilotos, os Estados Unidos, 23, o Império Austro-Húngaro, que englobava o Reino da Boêmia, 18, a Suíça, 9, os Países Baixos, 6, Dinamarca, 4, Espanha, 2 e Suécia, 1.

A França criou uma cátedra na Sorbonne destinada à aviação: a Escola Superior de Cacha. Lá, Hans Reissner e Hugo Junkers davam aulas de construção aeronáutica, pretendendo criar um moderno laboratório aerodinâmico. A Áustria também criou a sua na Escola Técnica Vienense, e a Rússia, na Politécnica de São Petersburgo, onde já estavam K. E. Ciolkoviskj e N. J. Zukoviskj. Em muitos países, começaram a aparecer revistas especializadas traduzindo as aventuras da aviação, o que contribuiu para a sua popularização. O continente europeu contava com 20 escolas de aviação, das quais 11 na França, 7 na Alemanha (uma militar), e 2 na Áustria. Em Paris, em 1909, foi fundado o clube aeronáutico Stella, no qual as mulheres sócias podiam pilotar balões dirigíveis. Daí à primeira outorga pela FAI de uma licença de voo oficial a uma mulher foi um passo.

Capítulo 1
FRANÇA

Ao final do século XIX, o êxodo rural – que causava um crescente aumento da população urbana –, aliado ao desenvolvimento das comunicações e da eletricidade, fez surgir a cultura do divertimento, com a criação de cinemas e parques de diversões. Simultaneamente, os trabalhadores começaram a organizar sindicatos e partidos políticos socialistas.

A França da *belle époque* era um ambiente extremamente favorável às inovações tecnológicas. O telefone, o telégrafo sem fio, o cinema, a bicicleta, o automóvel e o avião inspiravam novas percepções da realidade. Paris, a cidade luz, com seus cafés-concertos, balés, óperas, livrarias, teatros, bulevares e alta-costura, era considerada o centro produtor e exportador da cultura mundial. E foi em plena *belle époque* – 1910, mais precisamente –, que Raymonde de Laroche foi a primeira mulher do mundo a receber um brevê.

Baronesa Raymonde de Laroche (1886-1919)
Élise Raymonde Deroche nasceu nas vizinhanças de Paris em 22 de agosto de 1886. Cresceu com uma educação básica por causa das limitações financeiras da família e se tornou uma mulher elegante, dinâmica, que se destacou nos esportes, nas artes plásticas e como atriz. Para se promover, decidiu, aos 20 anos, mudar seu nome para Raymonde de Laroche, que considerava mais adequado à sua profissão de atriz e soava melhor para a sociedade parisiense. Quando Santos Dumont incendiou a imprensa francesa

com o voo no 14-Bis, em 1906, a excitação tomou conta de Raymonde. A aviação atraía enorme interesse público, e os aeródromos lotavam durante as apresentações. De Laroche já tinha alguma experiência com balões quando, em outubro de 1909, o aviador Charles Voisin sugeriu a ela que aprendesse a voar em uma aeronave de asa fixa. Raymonde tinha facilidade para o voo, e os treinamentos começaram no aeródromo em Châlons com um modelo de apenas um lugar – o instrutor só podia ficar do lado de fora, correndo ao lado e gritando as instruções, o que era muito engraçado de se ver. Raymonde treinava taxiando o avião pela pista, até que decidiu, contra as ordens de Voisin, assumir o controle. Acelerou, decolou e voou 270 metros, em 22 de outubro de 1909. Em 4 de janeiro de 1910, ao preparar-se para o pouso, bateu com a cauda do avião num galho de árvore e caiu, atirada do assento. Com a clavícula quebrada e alguns ferimentos, nem passou por sua cabeça desistir. Estava com medo, mas não de voar, e sim de que outra mulher pudesse lhe roubar o título: queria ser a primeira do mundo a receber um brevê.

No dia 8 de março de 1910, seu desejo se realizou e, após os exames, recebeu da Federação Aeronáutica Internacional (FAI) a licença de número 36, a primeira do mundo concedida a uma mulher. De Laroche participou de reuniões aeronáuticas em Heliópolis, Budapeste, Rouen e São Petersburgo, onde impressionou o czar Nicolau II, que a condecorou com a Ordem de Santa Ana e lhe concedeu o título de baronesa. Raymonde já utilizava o título como parte de sua promoção pessoal antes de ir à Rússia.

A Baronesa Voadora, como ficou conhecida na imprensa, participou no início de julho de 1910 da Grande Semaine d'Aviation de la Champagne, em Reims. No dia 8 desse mesmo mês, seu avião, sacudido por fortes ventos, acidentou-se ao despencar 46 metros com motor desligado e estilhaçar-se no solo, causando-lhe graves lesões. No momento da queda, duvidaram de que ela estivesse viva. A baronesa ficou vários meses em recuperação, mas sua tenacidade e o suporte de Charles Voisin a ajudaram na recuperação.

Raymonde de Laroche em um biplano Voisin, 1909, França.

Seu amor pelos aviões não diminuiu um milímetro, e ela voltou a voar em fevereiro de 1912, sempre com seu companheiro e instrutor Charles Voisin, até que em 25 de setembro desse mesmo ano os dois sofreram um acidente de automóvel. Charles morreu na hora, e Raymonde se feriu, passando mais algumas semanas em recuperação. Apesar de devastada pela morte do amigo e com um currículo razoável de ferimentos e acidentes, continuou os voos, experimentando, agora, um biplano, o Sommer.

No ano seguinte, 1913, na escola Farman, conheceu Jacques Vial, que se tornou seu marido. Raymonde começou a treinar em um modelo Farman para a Copa Feminina, organizada pelo aeroclube da França. Na Copa, seus voos duravam 1h30, mas o que a fez vencer no dia 25 de novembro foi um voo de 4 horas, só parando por problemas de combustível. Nenhuma das mulheres competidoras atingiu esse recorde. Com essa vitória, ganhou o título de rainha das aviadoras, ressurgindo no cenário aeronáutico, apesar dos problemas físicos e de todo o sofrimento por que passou. Mais tarde, bateu o recorde de altitude feminino, ao alcançar os 4.800 metros, e o de distância, percorrendo 323 km.

No início da Primeira Guerra Mundial, perdeu seu marido em combate e, apesar de insistir em voar pela França, a Força Aérea Francesa não a permitiu, pois considerava os voos de combate, no teatro de guerra, muito perigosos para mulheres. Raymonde partiu para o aeródromo em Le Crotoy, convidada a fazer um voo experimental com o piloto de testes. Com planos de tornar-se a primeira mulher piloto de testes da Força Aérea Francesa, voou com seu instrutor no dia 18 de julho de 1919, a bordo de um Caudron G-3, em treinamento de duplo comando. O avião travou durante um *looping* e não completou a manobra. A morte dos dois foi instantânea, e Raymonde entrou para a história da aviação como queria: a primeira mulher do mundo a receber um brevê oficial.

ESTADOS UNIDOS

No final do século XIX, quando nasceu a aviadora americana Harriet Quimby, terminava nos Estados Unidos da América a dita Era da Reconstrução, surgida com o fim da Guerra de Secessão. Em 1898, o Havaí passou a ser mais um estado americano, e o país acelerava seu desenvolvimento industrial. O século XX assistiu a um grande crescimento populacional, já que uma enorme quantidade de imigrantes europeus chegavam em busca de vida nova na América. Em 1911, durante a presidência de William Howard Taft, o movimento a favor do voto feminino tomou as manchetes dos jornais, e o modo de vida de algumas mulheres independentes – como Quimby, que será vista em seguida – certamente foi um incentivo à emancipação de todas as outras. Embora alguns estados tenham legalizado o voto feminino ao longo da década de 1910, esse direito só foi estendido a todas as mulheres americanas em 1920, com a aprovação da 19ª emenda à Constituição.

Esse não foi, evidentemente, o fim da discriminação das mulheres. Um outro episódio desenrolou-se após a eclosão da Segunda Guerra Mundial, no verão de 1941, quando aviadoras famosas como Jacqueline Cochran e a piloto de provas Nancy Love apresentaram propostas independentes ao governo para a utilização de mulheres pilotos em missões que não fossem de combate, na intenção de liberar os homens para as frentes de batalha.

Num primeiro momento, as propostas foram recusadas pelo governo, e foi somente com o envolvimento direto no conflito, depois do ataque a

Pearl Harbor, que a evidente falta de material humano fez o Comando de Transporte Aéreo (ATC) decidir pela formação de uma força civil do sexo feminino. Todos os registros dessa história foram arquivados e selados por 35 anos, o que fez com que a verdade sobre a presença de mulheres pilotando aviões durante a Segunda Guerra Mundial ficasse pouco conhecida pelos historiadores.

Harriet Quimby (1875-1912)

Harriet Quimby nasceu em 11 de maio de 1875 no estado de Michigan, embora não se tenha o registro exato de seus primeiros anos. Por volta de 1900, quando a família mudou-se para São Francisco, Harriet aspirava a ser atriz. Era uma mulher glamorosa, sexy, que não abria mão de nada por causa dos homens, mostrando sempre uma personalidade marcante. Embora buscasse os palcos, ela encontrou sucesso, inclusive financeiro, quando começou a escrever artigos para o *San Francisco Bulletin* como jornalista e crítica de arte. A mãe começou a fazer marketing de sua imagem, alterando a história de seu passado. Dizia a todos que a filha nascera em Nova Inglaterra e fora educada por professores particulares na França e nos Estados Unidos, escondendo a vida de privações da infância. O pai, após fracassar em vários empreendimentos, foi declarado inválido e recebeu uma pensão como veterano da Guerra Civil Americana. Sua única irmã, Kitty, após se casar, desapareceu da família e ninguém mais falou dela. Em 1902, Harriet, que já escrevia para o *San Francisco Call* e para o *Chronicle*, começou também a escrever para o *Dramatic Review*, conquistando lugar na sociedade de São Francisco. Tinha um talento nato para a escrita, e seus artigos envolviam os leitores.

Em 1903, incentivada pelo sucesso jornalístico, mudou-se para Nova York, determinada a seguir carreira. Era uma cidade mais difícil de conquistar do que São Francisco, mas Harriet não desistiu e conseguiu o primeiro trabalho como colaboradora e fotógrafa do *Illustrated Leslie*, um periódico semanal. Firmou-se na revista com artigos sérios sobre mortalidade infantil, preservação da natureza e dos animais. Escreveu mais de 250 artigos e viajou pela revista para Cuba, Europa, Egito, Islândia e México. Recusava-se a escrever futilidades de comadres. Com o sucesso, alugou uma suíte no Hotel Victoria e levou os pais idosos para morar com ela. Comprou também um automóvel, inegável símbolo de *status* e, em todos os artigos sobre automóveis, mostrava que tudo o que os homens faziam as mulheres também podiam fazer.

No final de outubro de 1910, fez a cobertura, pela *Leslie*, de um torneio internacional de aviação, o Belmont Race Track, quando conheceu John Moisant, piloto americano, e sua irmã Matilde. Encantada com os aviões, resolveu aprender a voar. Harriet ficou amiga de Matilde que, embalada por seu entusiasmo, candidatou-se a acompanhá-la nas aulas de voo. John tinha uma escola de pilotagem e aceitou ambas – a escola dos irmãos Wright seguia o velho preconceito machista e não aceitava mulheres. Infelizmente,

Harriet Quimby *no monoplano Moisant, 1911.*

John morreu num acidente aéreo pouco tempo depois em Nova Orleans, o que não impediu Matilde e Harriet de prosseguirem o curso.

A ideia não era tornar públicas as aulas de pilotagem. Se não conseguisse terminar o curso, Harriet não queria que seus leitores ficassem sabendo que ela fracassara, mas a imprensa não tardou a descobrir e até o *Washington Post* ficou interessado. Harriet transformou a rejeição a seu favor, publicando artigos sobre seus próprios voos, contando com detalhes como era o treinamento de um piloto na escola Moisant, e ganhou o apoio da revista *Leslie* para continuar os estudos. Prestou os exames pelo Aeroclube da América e, em 1º de agosto de 1911, tornou-se a primeira mulher a receber o brevê nos Estados Unidos. Matilde foi a segunda. Quando questionada pelos jornalistas se o esforço valera a pena, ela respondeu que sim. Disse ainda que faria tudo o que os homens faziam. Com essa atitude, ajudou muito o processo da emancipação da mulher nos Estados Unidos, que já vinha tomando corpo em vários segmentos sociais, inclusive na luta pelo voto. Não tinha medo de voar: o voo lhe trazia a sensação de liberdade, ela se esquecia dos problemas e tornava-se uma pessoa mais saudável. Mostrou que voar era um esporte fino e digno para as mulheres, que não deviam ter medo, desde que obedecessem às regras de segurança.

Com o brevê em mãos, Harriet se organizou para ganhar dinheiro e assinou contrato com a Richmond County Agricultural Fair. Participou do Encontro Internacional de Pilotos em Nassau Boulevard. Nos primeiros três dias na Richmond Fair, o clima não permitiu que ela voasse, mas, assim que melhorou, o presidente Woodrow Wilson fez o discurso na feira com o barulho do motor do avião de Harriet ao fundo. Assim que Wilson terminou, ela decolou e circulou a feira ao som dos aplausos da multidão. Ao retornar para pouso, executou uma manobra que adorava fazer, picando o avião numa rápida descida e cabrando em seguida no arredondamento para o pouso. Seu instrutor, Hupert, declarou à imprensa que Harriet foi a melhor aluna que já teve.

O segundo voo na feira foi noturno e memorável. Harriet, antes de decolar, passou com o carro pelo campo pedindo aos presentes que mantivessem distância da pista por motivos de segurança. Sob o olhar de 15 mil pessoas, decolou. Sobrevoou a feira em círculos e passou por cima do *stand* dos juízes, acenando para a multidão, que retribuiu entusiasmada. Preparando o pouso, viu-se em apuros com a invasão do campo. Foi um pouso difícil: o avião parou a poucos metros da cerca, e por sorte não houve acidente. Esse voo virou notícia em todo o país, e sua satisfação aumentou quando recebeu um cheque de 1.500 dólares por sete minutos de apresentação. O jornal *New Brunswick Times* destacou-a como uma das melhores pilotos mulheres do mundo, a mais bonita e charmosa, além de culta.

Harriet entrou para o grupo formado pela Moisant International Aviators, uma associação patrocinada pela escola e que vendia voos de exibição com a intenção de ganhar dinheiro. Na prática, as atividades não foram como o esperado. Estava para ocorrer mais um International Aviation Meet, e o encontro de quatro aviadoras – a belga Hélène Dutrieu, e as americanas Matilde Moisant, Blanche Scott e Harriet Quimby – fazia parte da programação. Infelizmente o encontro não aconteceu: Dutrieu partiu para uma prova individual de tempo de voo, Matilde para uma de altitude, na qual conquistou o prêmio, e Scott, por não ter sua licença em mãos, não compareceu. Matilde e Harriet saíram do evento antes do término oficial, mas ficaram sabendo da ira dos religiosos de Long Island, para quem os sábados deveriam ser reservados às atividades religiosas – e voar não era uma delas.

Em novembro, Matilde conseguiu um evento no México. Ela e Harriet juntaram-se a uma equipe em Valbuena, onde se encontrava o presidente eleito Francisco Madero. Harriet e Matilde foram as primeiras mulheres a voar no México. No dia marcado, Harriet só conseguiu decolar às cinco da tarde, por causa da chuva. Subiu até a altitude de 76 metros e, depois de seis minutos de voo, retornou ao campo. Com a altitude da cidade e o ar rarefeito, ao pousar comentou que aquele fora o voo mais difícil que realizara até aquela data, pois não tinha tido a experiência de voar em locais altos. O show não continuou porque a multidão invadiu a pista gritando vivas a Madero e aos aeroplanos. Harriet deu seguimento às apresentações após as chuvas. Depois de sobrevoar o lago Xochimilco, retornou ao campo no escuro e pousou sob iluminação artificial improvisada ao redor da pista. As surpresas não acabaram: no dia seguinte sofreu uma pane de motor; manteve a calma, escolheu um local e colocou o avião no chão sem maiores problemas. A exibição terminou com Harriet, Matilde e outro piloto da equipe voando juntos.

Ótimo final para uma apresentação sem acidentes, porém, péssimo no lado financeiro. O público não compareceu em peso porque o momento político do México era delicado, de grande oposição a Madero. As tropas lutavam ao norte contra rebeldes, e a prioridade do povo não era ver os aviões. Depois de se apresentar em Guadalajara e León, Harriet deixou o grupo e retornou a Nova York já com outra ideia na cabeça, enquanto Matilde prosseguiu com a equipe. Harriet contratou Leo Stevens, outro organizador de shows, e começou a planejar, em segredo, com Louis Blériot o cruzamento do canal da Mancha, voo que tornou Blériot uma celebridade em 1909, quando pela primeira vez atravessou o canal. O segredo foi mantido com Blériot para que nenhuma mulher europeia usasse a ideia antes dela e para que os pessimistas de plantão não a impedissem, já que o tempo no canal é sempre instável e perigoso. Harriet sabia o que queria e precisava de um avião com motor de 70 HP, semelhante ao que voava nos Estados Unidos.

Em 7 de março de 1912, partiu de Nova York para Londres e, ao chegar, descreveu seu projeto ao editor do *London Mirror*, que, entusiasmado, ofereceu um prêmio em dinheiro para que ela os representasse. O próximo passo foi ir a Paris conversar com Blériot sobre o avião. Conseguiu uma aeronave emprestada com motor de 50 HP, o modelo Blériot XI, e foi testá-la em Hardelot. Ventos fortes impediram o treino, e ela enviou o avião secretamente a Dover. Avisou o editor do *Mirror* para reunir os repórteres em seu hotel para uma entrevista, com a condição de que mantivessem o fato ainda em segredo.

O dia seguinte à reunião, um domingo, amanheceu com céu claro e sol, mas Harriet tinha prometido a si mesma que nunca voaria aos domingos, e perdeu a oportunidade, encontrando-a novamente no dia 16 de abril de 1912. Embora nunca tivesse voado um Blériot, usado uma bússola ou voado sobre águas, decolou às 5h30 da manhã. Muitos já tinham morrido na tentativa da travessia, mas este não era um motivo para Harriet desistir. Subiu a 457 metros, sobrevoou o aeródromo e rumou para a França em meio às nuvens úmidas. Entrou em voo por instrumentos, como conhecemos hoje, só que sem instrumentos. A umidade era tanta que tirou os óculos para enxergar melhor, mas não via céu, nem mar, nem terra, e mesmo assim conseguiu manter o avião estabilizado e subindo, até chegar a 610 metros e encontrar os primeiros raios de sol. Sabia que voava a 100 quilômetros por hora e que Calais estava a 32 quilômetros. Em decorrência do vento e do tempo ruim, porém, desviou-se e não atingiu Calais após 20 minutos de voo. Somente após 59 minutos de voo, deparou-se com a costa francesa. Baixou para 152 metros à procura de Calais, mas não a encontrou. Procurou um local para pouso e acabou numa praia perto de Hardelot, a 40 quilômetros de distância de Calais. Foi carregada pelo povo da praia até Hardelot em grande euforia. Depois de sete horas de carro, chegou a Paris alegre e cansada. Afinal, fora a primeira mulher a atravessar o canal da Mancha. Seu feito, sem dúvida, deveria estar estampado em todos os jornais, mas o que ela não contava era com uma catástrofe maior que abafou as supostas homenagens, colocando a aventura em notas menores: o mundo se voltava para o terrível naufrágio do Titanic, ocorrido dois dias antes.

Em Nova York, encontrou os jornais atentos ao movimento social pelo voto feminino, que pegava fogo naqueles dias, o que também a frustrou, pois não houve a recepção que esperava receber em seu país. As notícias dos dias seguintes foram frustrantes, e Harriet se envolveu numa polêmica. Um piloto inglês, que a acompanhara em Londres, disse que já tinha feito a travessia levando uma mulher como passageira, Eleanor Trehawke Davies, o que tirava de Harriet o título de primeira mulher a atravessar o canal da Mancha pelo ar. Pouco importava que Harriet tivesse pilotado e Eleanor viajado como passageira: o *London Mirror* recusou-se a pagar o prometido. Talvez Eleanor tenha mesmo atravessado o canal da Mancha como passageira, mas o fato é que os repórteres estavam lá no dia da partida de Harriet e atravessaram o canal para aguardá-la em Calais e homenagear sua chegada.

Voltando aos voos, Harriet adorou a máquina de Blériot, embora alguns pilotos a considerassem instável às mudanças de centro de gravidade, que eram muito perceptíveis. Fez vários voos com passageiros e, quando voava só, colocava atrás, no segundo assento, um saco de areia para manter o centro de gravidade do equipamento e melhorar seu desempenho.

O reconhecimento que obteve na Europa impressionou os americanos, alçando Harriet ao título de celebridade, o que sem modéstia ela gostava de ser. Isso lhe valeu convites para vários eventos. Participava de tudo, porque precisava de dinheiro para pagar o novo Blériot de 70 HP, dois lugares, recém-chegado da França. Foi para a terceira Boston Aviation Meet at Squantum Airfield, perto de Quincy, Massachusetts. O programa era fazer um voo correio de Squantum até Nova York em 7 de julho. Em 1º de julho, o tempo amanheceu bom, proporcionando um ótimo espetáculo aos participantes da feira em diversas formas de demonstrações de habilidades. Harriet vestia o traje de aviadora criado por ela mesma, que destacava sua feminilidade, e tirava fotos com naturalidade.

Pouco antes das seis da tarde, William Willard, o organizador, subiu no Blériot com Harriet para um curto voo sobre a baía de Dorchester. Leo Stevens, amigo de Willard, preocupado com o peso do organizador, que era um homem gordo, recomendou-lhe que não se mexesse muito no assento e não se deixasse jogar para os lados e nem para a frente. Harriet decolou e subiu até 1.500 metros, realizou o voo planejado, circulou a baía e, ao retornar, baixou para 910 metros, circulou o aeródromo em voo descendente até atingir 300 metros, altitude que lhe permitiu iniciar os procedimentos de pouso. Como sabemos, Harriet adorava picar o avião, perdendo rapidamente altitude antes de colocar as rodas no solo, e dessa vez não foi diferente: era sua marca registrada e fazia parte do seu show. Porém, com o passageiro, a manobra foi fatal. Ao picar o avião, Willard foi atirado para fora. Com a perda de peso no assento de trás, houve uma mudança no centro de gravidade do avião, deixando-o instável. Harriet tentou controlá-lo, e quando parecia ter conseguido, o público assistiu boquiaberto à própria Harriet ser jogada para fora de sua nacela de comando. O avião, após perder seus dois passageiros, estabilizou-se sozinho, desceu suave, sem ser controlado, em um ângulo de 30 graus, e capotou quando o trem de pouso encontrou a água. Ao discutir as prováveis causas do acidente, ninguém chegou a uma conclusão. Cada aviador tinha uma avaliação própria e diferente das outras. O que ocorreu de comum acordo desde então é que os fabricantes passaram a adotar o cinto de segurança como item obrigatório nos aviões. Até então, eles não existiam.

A morte da primeira aviadora americana gerou muitos comentários. O *New York Times* sugeriu que as mulheres fossem excluídas da aviação, sob o argumento de que sua presença era desnecessária sob qualquer ponto de vista. Nenhuma mulher, apesar da morte de Harriet, voando ou em treinamento, abandonou o esporte. Harriet deixou artigos nos quais já previa que as mulheres exerceriam todo tipo de cargo ligado à aviação. Era só uma questão de tempo. Sua carreira encerrou-se de maneira abrupta e apenas onze meses depois de ter começado. Em 1991, o serviço postal americano produziu um selo em sua homenagem.

Segunda Guerra Mundial: Nancy Love (1914-1976)

Após a eclosão da Segunda Guerra Mundial, no verão de 1941, aviadoras famosas como Jacqueline Cochran e a piloto de provas Nancy Love apresentaram propostas independentes ao governo para a utilização de mulheres pilotos em missões que não fossem de combate, na intenção de liberar os homens para as frentes de batalha.

Num primeiro momento, a proposta foi recusada pelo general Henry H. Arnold, apesar, de a própria primeira-dama ter gostado e tentado interferir a favor. Cochran partiu para a Inglaterra como piloto voluntária do grupo de Auxílio de Transporte Aéreo, conhecido como ATA. As mulheres americanas do ATA foram as primeiras a ter contato com aeronaves militares. Voaram Spitfires, Houdsons, Typhons, Michell, Blenheims etc.

Àquela altura, os Estados Unidos estavam construindo seu poderio aéreo. Com o envolvimento direto no conflito, depois do ataque a Pearl Harbor, ficou evidente a falta de material humano. Para o pessoal do Comando de Transporte Aéreo (ATC), a falta de pilotos tornou-se um problema real, e eles decidiram formar uma força civil do sexo feminino.

A conversa foi parar no major Robert Love, marido da piloto de testes Nancy Love, que já tinha apresentado uma proposta para formar um grupo feminino de transporte, engavetada pelo general Arnold. Agora o plano estava sendo revisto e, em meados do verão de 1942, após a senhora Roosevelt ter colaborado com um artigo em sua coluna de jornal, o general Arnold aprovou a proposta de Nancy Love, criando o Women's Auxiliary Ferrying Squadron (WAFS), que entrou em operação em 10 de setembro de 1942.

Nancy nasceu com o nome Hannah Lincoln Harkness em 14 de fevereiro de 1914, em Houghton, Michigan, no início da Primeira Guerra Mundial. Seu despertar para a aviação começou em agosto de 1930, aos 16 anos. Um dia, passeando a cavalo, assistiu à decolagem e ao voo de um biplano, e contemplou fascinada os movimentos do avião. Encontrou o piloto à procura de passageiros na intenção de ganhar uns dólares em troca de pequenos passeios. Nancy se habilitou e fez o voo. Gostou tanto que voltou com mais dinheiro e, dessa vez, pagou por um voo de acrobacia. Para impressioná-la, o piloto pediu que ela localizasse sua casa. Depois de executar algumas manobras em cima da casa, pousou. O normal é que as pessoas acabem enjoando com esse tipo de voo, ou ficando com medo, só que no caso de Nancy ocorreu o contrário. Completamente enfeitiçada, quis um terceiro voo. No jantar daquela noite, informou os pais de que pretendia aprender a voar, argumentando que era muito mais interessante e valia muito mais a pena do que ir à escola. Seu argumento não foi bem recebido pela mãe, mas o pai consentiu, desde que retornasse às aulas após as férias. Faria as duas coisas juntas.

Em 26 de agosto de 1930, num biplano de dois lugares, o Kinner Fleet, Nancy teve sua primeira aula com o instrutor Jimmy Hansen, das Linhas Aéreas da Península Superior. O primeiro voo solo foi após cinco horas de voo, e em 10 de setembro do mesmo ano ela já contava com 13 horas e 25 minutos de aulas, mais 9 horas e 40 minutos de voo solo. Recebeu a licença e uma carta do Departamento de Comércio de Washington autorizando-a a voar.

Todo piloto passa por pelo menos um susto na vida, e com Nancy não foi diferente. Logo após brevetar-se, quando fez o primeiro voo interestadual, com duas amigas a bordo, enfrentou mau tempo. Teve que voar baixo para não perder o contato visual com o solo, e então o marcador do óleo quebrou e o para-brisa ficou sujo com a fumaça preta do motor, obrigando-a a colocar a cabeça para fora e procurar um lugar para pouso. No solo, ficou aterrorizada com a falta de experiência, o que na minha opinião como piloto não é nada ruim, pois essa consciência das limitações é que faz a diferença entre a vida e a morte e alerta o piloto para as normas de segurança e a prevenção de acidentes.

Outro de seus apuros foi quando levou o irmão e, atendendo a um pedido dele, deu um rasante sobre o pátio do colégio dos meninos. Na

Nancy Love, *aos 28 anos, em um avião do Exército antes de decolar de uma base americana.*

hora de arremeter e colocar o avião para cima para que não colidisse com a catedral, não teve a pronta resposta dos comandos e arrancou algumas telhas com o trem de pouso, num incidente que poderia ter sido fatal. É claro que foi denunciada, mas não havia regulamentos nem normas legais para os pilotos de aviões, e sua licença permaneceu intacta.

No final de 1931, estudou em Nova York e foi em busca de uma licença comercial, conseguindo-a em abril de 1932, aos 18 anos. Em janeiro de 1934, tinha 225 horas de voo, conseguidas nas aeronaves Fleet, Stearman, Waco, Great Lakes, Aeronca, Bird e Kitty Hawk. Com a crise econômica de 1929, seu pai viu-se em dificuldades financeiras, e Nancy passou a ser ajudada por um tio, que a manteve nos estudos. Mas Nancy queria voar, e com a ajuda de um amigo piloto procurou Bob Love, também apaixonado pela aviação e fundador da empresa aérea Inter City. A empresa oferecia todo tipo de serviço, voos panorâmicos, *charters*, instrução, demonstrações e vendas de aeronaves. Bob, depois de conhecer Nancy, contratou-a, e ela se estabeleceu em Boston, onde passou a fazer voos de demonstração e vender aviões Beechcraft, além de se tornar uma atração no aeroporto por ser mulher. Após noivarem, ela e Robert Love se casaram em 11 de janeiro de 1936.

Nancy não gostava de chamar atenção para si, nem de ser muito fotografada. Era perfeccionista, e sua habilidade como piloto revelava isso. Até o início da Segunda Guerra Mundial, esteve envolvida em várias atividades profissionais dentro e fora da Inter City. Com o início da guerra, as coisas começaram a mudar, e em maio de 1940, com 825 horas de voo, contatou um amigo do marido, o tenente coronel Robert Olds, do Escritório da Chefia de Divisão de Planos do Corpo Aéreo, para verificar a possibilidade de mulheres transportarem aviões para o Exército. Olds pediu a Nancy uma lista das possíveis candidatas e recebeu 105 nomes. Em junho de 1940, a Divisão de Planos de Bob Olds passou a considerar a ideia de usar cerca de cem mulheres como copilotos em esquadrões de transporte e entregas individuais de aviões. Elas teriam que fazer um curso de atualização para tornarem-se segundo-tenentes da Reserva do Corpo Aéreo, mas o general do Corpo não aprovou a proposta. Os homens não queriam mulheres em seu meio. Em maio de 1941, porém, Bob Love entrou para o Corpo Aéreo, e isso mudou a vida do casal.

Ao voltar da Inglaterra, Jacqueline Cochran encontrou-se com Roosevelt, que marcou então uma reunião com o secretário de Guerra, general Arnold, coronel Olds e Bob Love, para discutirem a colocação das mulheres pilotos num serviço semelhante ao da ATA, na Inglaterra. Olds convidou Nancy a participar dos planos, e aconteceu a primeira discórdia entre ela e Jack, que achava que as mulheres não aguentariam voar longas distâncias. Olds propôs um período de experiência de noventa dias, durante o qual cinquenta pilotos mulheres com mais de 500 horas seriam empregadas como civis pelo Corpo Aéreo, que determinaria a capacidade de cada uma. Se desse certo, seriam comissionadas. Olds e Cochran nunca se entenderam, porque ele desejava solucionar a carência de pessoal, e ela, criar uma grande organização feminina.

Depois de Pearl Harbor, em dezembro de 1941, Olds, agora general-brigadeiro, precisava mais do que nunca de pilotos e pensou em ressuscitar o plano de Nancy, mas o general Arnold pediu que Olds engavetasse o projeto. Olds sofreu um colapso por excesso de trabalho e foi substituído. Todo o *staff* foi renovado, e Bob Love, agora major, passou a chefiar as operações do Comando de Transporte Aéreo. Mais uma vez, Nancy traçou um plano para o serviço, encaminhando-o para o general George, que o direcionou ao general Arnold. A proposta inicial do general para Nancy era comissioná-la como primeiro-tenente e contratá-la como oficial de operações para as mulheres piloto, mas o general Arnold escreveu dizendo que a militarização das mulheres não era possível naquele momento.

No dia 1º de setembro de 1942, Eleanor Roosevelt escreveu em sua coluna de jornal que essas mulheres eram armas esperando para serem utilizadas, e, depois de muito esforço, no dia 5 de setembro, o general Arnold declarou oficialmente aberto o recrutamento de pilotos mulheres, que deveria começar em menos de 24 horas. Assim teve início a formação do WAFS, e Nancy Love torna-se a diretora do grupo. A equipe de Nancy era especializada e formou um esquadrão inicial de 28 mulheres, podendo chegar a 50. O primeiro contrato de entrega da WAFS foi assinado em outubro de 1942.

Até aquele momento, não havia logística adequada para trazer de volta à base as pilotos após a entrega dos aviões, e seu retorno levava dias. O preconceito da sociedade americana contra as mulheres era forte e se fez sentir quando medidas foram tomadas para que elas se organizassem. Os homens podiam retornar à base pegando carona em aviões militares, mas as mulheres não. Tinham que pegar trens, aviões de carreira ou ônibus, sob a frágil justificativa da preservação da moral: uma mulher descendo de um bombardeiro com um homem podia significar que estavam se divertindo em propriedade do governo. As mulheres só podiam voar aviões leves, o que não permitia sua ascensão aos mais avançados. Não podiam ser contratadas como copilotos de bombardeiros e nem como copilotos de aeronaves cujos comandantes fossem homens, e fariam entregas em dias diferentes dos homens e para o lado oposto ao deles. Tudo pela preservação da moral das corajosas *ladies*. Como se não bastasse, o diretor de operações enviou uma carta ao comando na qual estabelecia que nenhuma mulher poderia ser incumbida de missões estando grávida e nem um dia antes e dois depois de menstruar. Tudo isso ia contra aquilo pelo que Nancy sempre lutara, e, passando por cima das resoluções, ela apelou para a suspensão das normas. O episódio do ciclo menstrual foi banido, mas elas continuavam proibidas de voar com homens.

Nancy obteve ainda mais uma vitória: conseguiu que as WAFS progredissem na carreira. A partir de então, assim como na ATA inglesa, qualquer piloto – homem ou mulher – poderia chegar ao topo. O coronel Tunner apresentou o novo sistema de classificação, especificando que mulheres pilotos tinham que ser tratadas da mesma forma que os homens.

O Comando de Transporte Aéreo aprendeu em 1942 como treinar bem os pilotos de entrega de quadrimotores bombardeiros e de carga em longa distância, voando por instrumentos. Um novo momento se apresentava às mulheres da WAFS, cujo recrutamento se expandia. Com a chegada de novas pilotos, seu número subiu a 49, e Nancy foi nomeada chefe do grupo. Passado um mês, já eram 92 WAFS. Nancy foi para a chefia da Divisão de Entregas em Cincinnati, Ohio.

Com a criação do WAFS, três americanas retornaram da Inglaterra, incluindo Cochran, que, ao chegar, confrontou o general Arnold. Com a aprovação de sua proposta, Cochran criou o Women's Flying Training Detachment (WFTD), junto ao aeroclube municipal de Houston. A existência de dois grupos independentes – WAFS e WFTD – dificultava a organização, e uma medida foi tomada para uni-los. Em julho de 1943, nasceu o Women Airforce Service Pilots (WASP), com Cochran como diretora e Nancy como executiva. A essa altura, cerca de 500 mulheres estavam em treinamento em Sweetwater.

De maio a julho de 1943, a produção de aviões de treinamento caiu 30%, e continuava a cair pela necessidade de priorizar a produção de caças, que passou a ser a tarefa número um da Divisão de Entregas. Assim como nos bombardeiros, para pilotar caças era preciso voar por instrumentos, e o general Tunner enviou o nome de 56 mulheres para a escola de caças, permitindo que aprendessem a voar aeronaves mais sofisticadas. Dezesseis pilotos mulheres do grupo original de Nancy, inclusive ela, foram pilotar caças. Entretanto, por causa de um acidente que causou a morte de uma delas, o assunto referente à capacidade das mulheres pilotarem voltou à discussão. Mais uma vez, Nancy se viu lutando contra o preconceito e, com a ajuda do general Tunner, conseguiu resultados satisfatórios. O general trouxe uma melhora no nível de treinamento para as mulheres em todas as bases, permitindo seu avanço ilimitado na carreira. Nancy começou voando um P-38. Em janeiro de 1944, a entrega de caças passou a ser tarefa prioritária. Seu grupo transportava P-47 (Thunderbolt) de Long Island a Newark, em várias missões diárias de curta distância.

Mais de 25 mil mulheres inscreveram-se para o programa WASP, mas apenas 1.078 receberam as asas, tornando-se as primeiras pilotos mulheres de avião militar nos Estados Unidos. As mulheres foram distribuídas por 120 bases aéreas espalhadas por todo o país e voavam das fábricas para as bases, portos de embarque e bases de treinamento militar, rebocando alvos para a prática de tiros e transportando carga. Entre setembro de 1942 e dezembro de 1944, o WASP entregou 12.650 aviões de diversos tipos, sendo responsável por mais de 50% do transporte de aeronaves de combate dentro dos Estados Unidos.

WASP. Da esquerda para a direita: **Frances Green, Margaret Kirchner, Ann Waldner** e **Blanche Osborn** saem de seu B-17, chamado de Pistol Packin' Mama, durante um treinamento da Lockbourne Army Air Force, em Ohio. Elas carregam seus paraquedas. C. 1943.

Embora sob o comando e a organização dos militares do Exército, o WASP era um grupo de funcionários públicos civis, não sendo oficialmente incorporado às Forças Armadas. Uma frustração para as participantes, que trabalhavam pela pátria no esforço de guerra. As 38 mulheres que perderam a vida durante sua permanência no WASP – 11 em treinamento e 27 na ativa – não tiveram direito a enterro pago pelo governo, nem ao uso da bandeira sobre o caixão.

Depois de várias tentativas de militarização do WASP, a proposta foi definitivamente recusada pelo Congresso americano em junho de 1944. Em agosto começou o desfecho da organização, desfeita finalmente em 20 de dezembro do mesmo ano, com o encerramento das atividades. O general Arnold achava que as mulheres tomariam o lugar dos homens se as mantivesse na ativa, e os pilotos masculinos começaram a fazer *lobby* contra as aviadoras. O WASP foi considerado desnecessário, caro e com missão já cumprida. A última tarefa atribuída ao WASP foi o transporte de aviões ferro-velho, enquanto a entrega dos estoques de P-51 Mustang ficou reservada aos homens.

Em 1947, a Força Aérea passou a ser um serviço separado do Exército, e o vice-presidente da Força Aérea americana escreveu a Nancy oferecendo a ela a patente de tenente-coronel da reserva e um salário, assim como às outras mulheres da WASP, pelos serviços prestados ao país. Nancy Love ficou agradecida. Ela faleceu em 22 de outubro de 1976, vítima de câncer de mama, mas não sem antes receber da presidente da WASP, Bee Falk Haydu, uma homenagem como mulher do ano.

Em 1975, o filho do general Arnold, coronel Bruce Arnold, procurou obter no Congresso, em Washington, o reconhecimento das mulheres do WASP como veteranas da Segunda Guerra Mundial. A luta prosseguiu até 1977, quando Jimmy Carter assinou o ato que concedeu ao corpo WASP estatuto militar. Em 1984, cada aviadora foi premiada com a World War II Victory Medal. Em julho de 2009, o presidente Barack Obama concedeu ao WASP a Congressional Gold Medal, e três das pilotos mulheres ainda vivas puderam receber as medalhas.

INGLATERRA

Nascida sob o reinado de Eduardo VII, Hilda Hewlett assistiu à morte dele em 1910 e a coroação de um novo rei, George V, em junho de 1911, pouco antes de se brevetar, em agosto do mesmo ano. George V, durante seu reinado, enfrentou problemas internos e políticos no Parlamento, cujos membros pediam a diminuição do poder da Câmara dos Lordes. No campo externo, comandou a Inglaterra e suas colônias ao redor do mundo. Com o advento da Primeira Guerra Mundial, ainda sob o reinado de George V, Hilda contribuiu para o esforço de guerra, montando e administrando uma fábrica de aviões.

Com o final do conflito, algumas monarquias europeias foram desfeitas, e a Inglaterra se viu às voltas com o movimento irlandês de luta pela independência. Antes de sua morte, George V diminuiu a distância existente entre o poder e o povo, cultivando relações amistosas com políticos trabalhistas moderados e membros dos sindicatos.

Hilda, depois de 1920, com sua fábrica fechada por problemas econômicos advindos do final da guerra, mudou-se para a Nova Zelândia com a família e, longe da Inglaterra, assistiu à morte de mais um rei, em 1936, e ao início da Segunda Guerra Mundial.

Hilda Beatriz Hewlett (1864-1943)
Hilda nasceu em 17 de fevereiro de 1864, em uma família já considerada diferente para seu tempo. Seu pai, o reverendo George Herbert, cuja

riqueza era oriunda de serviços de marcenaria, tornou-se construtor e, com a esposa Louise, ajudava os pobres. Hilda desde cedo mostrou ser uma pessoa especial, imaginativa, confiante e muito prática, uma mulher de vários talentos. Antes de ter o primeiro brevê feminino da Inglaterra, foi estudar na South Kensington Art School, onde aprendeu a esculpir e a trabalhar com metais, produzindo obras dignas de exposição.

Aos 21 anos, passou um ano fazendo curso de enfermagem num hospital em Berlim. Após o curso, retornou à Inglaterra e conheceu Maurice Henry Hewlett, homem pouco preocupado com dinheiro ou posição social que desejava ser escritor. A atração entre os dois foi recíproca, e Hilda casou-se aos 24 anos, em 1888, tendo filhos logo a seguir. Além de artista e enfermeira, tornou-se entusiasta de bicicletas e automóveis. Aprendeu a dirigir e, em 1906, participou como única mulher de uma corrida que ligava o sudoeste da Inglaterra ao extremo norte da Escócia, enquanto seu marido dedicava-se à escrita. Maurice, nesse tempo, lançou um livro de sucesso, permitindo à família comprar uma casa no campo.

Em 1909, em um encontro de automóveis, Hilda conheceu Gustave Blondeau, um qualificado engenheiro francês que havia trabalhado para os irmãos Farman, construtores de aviões na França. Blondeau acreditava piamente no futuro da aviação, e contagiou Hilda com sua exposição entusiasmada. A amizade entre os dois perdurou durante muitos anos. Em outubro de 1909, os dois participaram da primeira reunião sobre aviação em Blackpool. Lá, apesar do mau tempo, puderam assistir a Hubert Lathan, piloto inglês, executar diversas manobras com seu Antoinette. O entusiasmo e a emoção de Hilda foram tão grandes que ela decidiu fazer parte da aviação como Blondeau, passando a se dedicar ao esporte. Decidiram, então, associar-se e comprar um avião. Como não havia escola de voo na Inglaterra, teriam de ir à França, e Hilda combinou com Blondeau que, após a compra do avião, ele aprenderia a voar para depois a ensinar. O problema então seria arrumar o dinheiro para o avião – Hilda o con-

Hilda Hewlett à frente de um avião.

seguiu sem que se saiba até hoje de que maneira.

Escolheram o modelo Farman, que batizaram de Blue Bird. As aulas de voo e mecânica aconteceram em Camp du Châlons, em Mourmelon. Como o mundo não era um lugar acolhedor para mulheres independentes, Hilda, para não causar algum tipo de embaraço a seu marido, mudou seu nome para Grace Bird durante sua permanência na França.

O Camp du Châlons servia para treinamento militar e possuía uma enorme pista. Nos hangares ao lado da pista, já se encontravam os aviões Antoinette e os irmãos Voisin e Blériot. Os irmãos Farman, ao conhecerem Hilda, ficaram impressionados. Seu entusiasmo contagiante e o conhecimento sobre motores permitiram que fosse admitida nos serviços de construção do próprio avião junto com Blondeau e o restante dos trabalhadores. Ao final de sete meses, puderam ver o Blue Bird sair do hangar.

Blondeau começou as aulas, como haviam planejado, e recebeu a licença, entregue pelo Aeroclube da França, em 1º de junho de 1910. Em julho, empacotaram o avião e retornaram à Inglaterra, onde resolveram abrir uma escola de voo, já que não havia nenhuma no país. Fundaram, portanto, a primeira escola de voo do Reino Unido, a Hewlett-Blondeau Flying School. No começo, eram olhados com certa desconfiança, mas a escola acabou por se tornar um sucesso.

Um avião só não estava dando conta, por isso tomaram a decisão de comprar um motor Gnome na França e construir eles mesmos outro avião, o que permitiu a Hilda receber as aulas de voo. Hilda criou, aperfeiçoou e instituiu um método de aprendizado, baseado na segurança de voo, que trouxe enorme prestígio à escola. Nunca quebraram um avião. Em 18 de agosto de 1911, então com 47 anos, Hilda terminou as aulas, fez os exames e recebeu a licença de número 122, entregue pelo Royal Aeroclube à primeira mulher na Inglaterra. Embora a imprensa não tenha feito alarido, Hilda transformou-se em celebridade: recebia inúmeros telegramas, cartas e presentes. Mas nem tudo foi flores: como todas as outras aviadoras de diversos países, Hilda não foi exceção ao preconceito masculino e teve de ouvir de um aviador inglês que "no ar, não há lugar para mulheres".

Sua escola formou alunos importantes, com um nível de segurança espantoso para a época. Entre eles estava Thomas Sopwith, que mais tarde montou sua própria fábrica, produzindo mais de 18 mil biplanos para a Força Aérea na Primeira Guerra Mundial, um dos quais era o conhecido monoposto Camel Sopwith. Outro piloto que aprendeu a voar com Hilda foi seu próprio filho, piloto militar que seguiu carreira na Força Aérea. A escola foi fechada em 1912 por dificuldades financeiras, e Hilda nunca mais voou depois disso.

A partir de então, começou a dar palestras e continuou a construir aviões sob licença, como o Caudron, o Harriot e o Farmam, até que, com a guerra de 1914-1918, os negócios se expandiram e ela montou uma fábrica, a Omnia Works, para atender ao esforço de guerra, produzindo mais de dez tipos de aeronaves diferentes e mais de oitocentos modelos para a Força Aérea Inglesa.

Com o término da guerra, o efeito se inverte. Há escassez de dinheiro, e não há mais mercado para suprir com a oferta de aviões. A fábrica fechou suas portas em outubro de 1920. A propriedade foi vendida sete anos depois para a Electrolux, e o governo inglês batizou uma estrada em Luton de Hewlett Road, em homenagem à ajuda de Hilda ao esforço de guerra. Após a venda da propriedade, ela e Blondeau conseguiram equilibrar as finanças.

Após a morte de Maurice, o marido de Hewlett, sua filha mudou-se para a Nova Zelândia. Hilda estivera no país anos antes e havia gostado muito; seguiu, portanto, a filha, instalando-se em Tauranga. Pouco tempo depois, após aposentar-se na Força Aérea, seu filho juntou-se à família.

Em 1932, Hilda participou da inauguração do Aeroclube de Tauranga e foi eleita sua primeira presidente. Vivendo ao ar livre, cuidou de jardins e pescou em alto-mar. Faleceu em 21 de agosto de 1943, em Tauranga, aos 79 anos, e seu corpo foi lançado ao mar, como era seu desejo.

Segunda Guerra Mundial
Os britânicos foram os primeiros a compreender a importância de incluir as mulheres no esforço de guerra. Na rádio BBC, em maio de 1941, Diana Thomas dirigiu-se às compatriotas da seguinte forma: "Hoje fazemos um apelo a todas as mulheres. Cada mulher no país é chamada a fazer sua parte da melhor forma. Não se trata mais de se perguntar o que é mais prático em cada família. Combatemos por nossas vidas, nossa liberdade e nosso futuro...".

O governo britânico instituiu o recrutamento de mulheres em abril de 1941, e foi o primeiro Estado em guerra a ousar tal medida. Não sem razão: seus aliados estavam sob o domínio alemão, e os ingleses lutavam sozinhos contra uma Europa germanizada. Precisavam usar todos os recursos materiais e pessoais de que dispunham e não tiveram tempo para certos preconceitos como os americanos, que só depois, seguindo seu exemplo, tiveram suas mulheres no transporte de aeronaves.

O Auxílio de Transporte Aéreo (ATA) foi uma organização civil fundada em setembro de 1939, com sede no aeródromo de White Waltham, que a partir de janeiro de 1940 passou a recrutar mulheres para o serviço por intermédio da comandante Pauline Gower. O trabalho da ATA consistia em transportar aviões entre fábricas, bases aéreas, linha de frente e unidades de manutenção para instalação de armas e acessórios, e devolver às ofici-

Pilotos da ATA em Hatfield, Inglaterra, no dia 10 de janeiro de 1940.

nas os aviões avariados que pudessem ser recuperados. Outros órgãos criados pelos ingleses também recrutaram mulheres: Auxiliary Territorial Service (ATS), em 1943, que tinha em seus quadros 200 mil mulheres ajudando o Exército; a Women's Auxiliary Air Force (WAAF); e a Women's Royal Navy Service (WRNS), da Marinha. Estas duas últimas contavam com 40 mil mulheres no fim de 1942.

A WAAF chegou a ter 182 mil mulheres no final de 1943, 22% do pessoal das aéreas militares, estações de radar e diversos outros serviços, como mecânica de aviões, leitura de telégrafo, decodificação de mensagens, análise de fotografias aéreas etc. Há mais detalhes sobre essa organização e uma visão do que era ser piloto da ATA no capítulo sobre o Chile, que conta a história de Margot Duhalde.

Quando Winston Churchill prometeu a seu povo sangue, trabalho, suor e lágrimas no esforço de guerra, incluiu também as mulheres, que foram imprescindíveis para a sobrevivência da Inglaterra.

Capítulo 4
RÚSSIA

Durante a década de 1890, época do nascimento de Lydia Zvereva, a Rússia passava por um crescimento industrial e populacional, com o aumento das classes burguesa e trabalhadora. No início do século XX, a enorme diferença que existia entre as classes fez com que surgissem, por parte dos trabalhadores, os primeiros partidos políticos. Lenin trabalhava para organizar os jovens em um partido marxista contra um governo autocrático e, em 1900, fundou o jornal *Iskra*. A deflagração da guerra entre a Rússia e o Japão impulsionou a formação de partidos políticos que acabaram por desembocar na Revolução de 1905, devido à baixa produção agrícola, altos impostos e fome. A economia russa se recuperou e, entre 1907 e 1914, teve grande crescimento. Nessa época, Lydia se tornou a primeira aviadora russa (no ano de 1911), e teve início a produção de aviões franceses sob licença no país.

Lydia teve vida curta e não chegou a ver o fim dos czares, ao final da dinastia Romanov, quando o último deles, Nicolau II, foi deposto pela Revolução de 1917. Também não viu a mudança social e política que se seguiu, nem o surgimento de outras mulheres na aviação russa que se tornaram heroínas da pátria.

Lydia Vissarionovna Zvereva (1890-1916)
Lydia Zvereva nasceu em 1890 em São Petersburgo, na época capital da Rússia ainda sob o governo do czar Alexandre III. Em 1894, assumiu o

império Nicolau II, o último czar russo, deposto pela Revolução de 1917. A Rússia experimentou um acentuado crescimento industrial, que colaborou com os projetos de vida de Lydia no campo aeronáutico. De família militar, foi educada no Instituto para Moças Czar Nicolau I. Com o passar dos anos, aconteceu com Lydia o mesmo que com algumas mulheres em outros países: nasceu com uma irresistível atração pela aviação. Na busca de realizar seu desejo de voar, ingressou na Escola de Aviação Militar, em Gatchina, e se formou em 22 de agosto de 1911, pilotando um Farman de fabricação francesa. Recebeu o brevê de número 31, o primeiro expedido a uma mulher pela Associação Russa de Aviação. Zvereva se mostrou tão capaz em voo quanto em terra firme. Na época das aulas práticas num Farman, notou um barulho estranho no motor, e o instrutor pediu que aguardasse a vinda do mecânico. Com a demora, ela própria abriu o capô, identificou o problema e o consertou. O mecânico chegou a tempo de assistir à partida e ouvir o som perfeito do motor.

Como de costume, os pilotos, no intuito de fomentar a aviação, faziam demonstrações de voo em diversas cidades e, muitas vezes, em outros países. Com Lydia, o preconceito não foi diferente do que com outras aviadoras no mundo, e ela sem demora deparou-se com o machismo. Ao tentar voar na Alemanha, percebeu que não era bem-vinda. Quando tentou inscrever-se numa competição, o preço cobrado dela foi impagável, obrigando-a a desistir. Outros boicotes se seguiram, inclusive em sua terra natal: em uma competição, ao chegar o avião, descobriu pedaços de ferro espalhados no motor. Ficou extremamente chocada com a sabotagem e temerosa, mas seguiu em frente.

Zvereva voava muito bem, e eram notáveis a precisão de suas manobras e suas atitudes em voo. Quando fazia demonstrações, tinha como parceiro E. Spitzberg, um piloto esportista, até casar-se com seu instrutor, Vladimir Slyussarenko, em 1912. Ela e o marido costumavam fazer voos de apresentação e, muitas vezes, ganhavam algum dinheiro levando passageiros

Lydia Zvereva
sobre um avião, 1911.

em voos panorâmicos. No mesmo ano, durante a turnê em que visitou Baku, Tbilisi e Riga, o avião de Zvereva sofreu uma pane. Ela sobreviveu com ferimentos leves e uma perna contundida. Em outra apresentação na Geórgia, o avião foi destruído por uma forte tempestade. Com o acúmulo de despesas relativas à manutenção do campo e hangar, ela e o marido não puderam mais voar até abrirem uma pequena fábrica em Riga, em 1913, que produzia o biplano Farman sob licença francesa.

Lydia e Vladimir conseguiram fechar um contrato com o Departamento de Aviação Russo para a produção de aviões. Montaram uma fábrica em São Petersburgo e passaram a construir o Farman-XVI, modelo mais avançado e com motor francês Gnome de 80 HP. A fábrica expandiu-se, e Lydia passava o tempo entre Riga e São Petersburgo, dando assistência e testando os novos modelos fabricados. Quando eclodiu a Primeira Guerra Mundial, em 1914, eles produziam, além do Farman, o Morane. A essa altura, tinham 400 pessoas trabalhando na fábrica e as perspectivas de vida para o casal pareciam promissoras, até que Lydia contraiu febre tifoide, não resistiu e faleceu em abril de 1916, com apenas 26 anos. Foi enterrada no cemitério de Alexander Nevski, enquanto aviões em formação sobrevoavam o cemitério em sua homenagem.

Marina Mikhailovna Raskova (1912-1943)

Mulher com uma ampla gama de interesses, Marina Mikhailovna Raskova estudou piano clássico na escola de Pushkin, era fluente em francês e italiano, estudou Química e aos 19 anos tornou-se a primeira mulher a obter a licença de navegadora na Força Aérea Russa. Passou a lecionar na Academia Aérea de Zhukovskii e, em 1935, brevetou-se. Em 1938, resolveu bater o recorde feminino de distância num voo linear entre Moscou e Konsomolsk, no extremo leste da Rússia, atravessando a Sibéria. Duas outras aviadoras, Valentina Grjudobova e Polina Osipenko, formaram a tripulação. As três pilotavam e navegavam, mas Marina assumiu a navegação, deixando os comandos com Valentina e Polina. Num Antonov-37, um bimotor convertido a bombardeiro de longo alcance batizado com o nome de Rodina ("pátria"), partiram na madrugada de 18 de setembro de 1938, com a meteorologia anunciando tempo bom e dia ensolarado.

A distância era de 6.450 quilômetros, e o país inteiro foi mobilizado pela aventura. A viagem transcorreu sem maiores problemas até quase o final, quando as mensagens de rádio começaram a ficar escassas por causa de uma tempestade de neve que elas então foram obrigadas a enfrentar. O voo por instrumento requer atenção redobrada e esforço físico para manter o avião equilibrado em meio às correntes descendentes e ascendentes, chuvas, raios e trovões. O avião chacoalha e bate como se você estivesse dentro de uma caminhonete em velocidade constante numa estrada de terra esburacada. Valentina suava puxando o manche para tentar manter a altitude do avião, mas, com a queda da temperatura externa, formou-se gelo nos bordos de ataque e asas, deixando o avião mais pesado e fazendo com que perdesse altitude. Marina propôs jogar fora tudo o que fosse dispensável dentro do avião, inclusive os kits de sobrevivência em caso de queda. Mesmo assim, o resultado não foi o esperado, e o avião ainda não subia. Perdendo altitude como estavam, era certeza não chegar ao destino. Marina abriu o mapa e fez uma cruz, indicando à Polina a posição em que estavam naquele momento. Depois disso apertou o paraquedas nas pernas, verificou a bússola no bolso e, após uma piscadela para Polina (como ela mesmo relatou mais tarde), saltou para a neve, consciente de que já não tinha seu kit de sobrevivência.

Valentina conseguiu pousar o avião numa clareira na aldeia Kerbi, e o recorde foi batido com 26 horas e 29 minutos de voo. Agora, precisavam encontrar Marina. As buscas começaram, e suas amigas recusavam-se a sair da Sibéria enquanto ela não fosse achada. A região, muito vasta, deserta e cheia de bosques, acumulava muita neve. Na manhã do décimo dia, um caçador encontrou Marina, exausta, caminhando a passos curtos, saindo de uma floresta já sem a sola de uma das botas. Marina declarou que, ao sair do bosque naquela imensidão vazia e branca, sentiu-se aterrorizada e teve a sensação de estar na entrada de um cemitério. Sentiu-se confiante novamente quando avistou ao longe o caçador sozinho caminhando em sua direção.

As três mulheres foram muito festejadas ao chegarem a Moscou, e o Politburo as condecorou com o título de heróis da União Soviética. Joseph Stalin fez questão de condecorar Marina, mas o que a torna tão especial, a meu ver, é o fato de ter sido ela quem convenceu Stalin, após a eclosão da Segunda Guerra Mundial, a montar esquadrões femininos de bombardeio e caça para a defesa da pátria. Como fundadora do primeiro corpo de aviadoras, tornou a Rússia o único país a ter a presença feminina nos combates da guerra. Essas mulheres também tiveram de enfrentar, em seu meio, um combate interno tão difícil, ou mais, de ser vencido: o preconceito dos homens, o que lhes confere um valor ainda maior.

Segunda Guerra Mundial

Depois de aceita por Stalin a participação das mulheres no conflito, foi designada a Academia Jukovski, em Engels, como centro de seleção e treinamento das aviadoras, utilizando aviões U-2. Seriam criados três regimentos aéreos: um de bombardeio diurno, um de bombardeio noturno e um de caça. O pessoal de terra – para as aulas de voo e mecânica – seria também totalmente feminino.

As coisas não estavam fáceis, a começar pelos uniformes recebidos, que eram modelados para homens. Elas tiveram de adaptá-los a seus corpos, costurando e soltando partes, ficando muitas com panos sobrando e botas maiores que os pés, cheias de jornal para preencher o espaço vazio. O comandante da base, em seu primeiro discurso, alertou-as quanto às dificuldades. Teriam que estar prontas antes do tempo normal de treinamento e enfrentariam dois mundos terríveis: o dos homens, no qual encontrariam incompreensão, estranheza, burrice, preconceito e injustiça; e o da guerra, que era puro horror. Segundo relatam Benain e Halle, em *A rosa de Stalingrado*, o comandante dizia: "A guerra nunca é bonita, e esta é, particularmente, horrível. A guerra é coisa de homens, e eles a praticam desde o início da humanidade. Nunca foi coisa de mulher. Quando virem o que os alemães fizeram com nossos compatriotas e nossos campos, conhecerão o sentimento de revolta, ódio, desejo de vingança e loucura".

Adotou-se 1º de maio de 1942 como data oficial da fundação dos três regimentos, com seus quadros compostos pelos seguintes nomes:

586 - Regimento Feminino de Caça
Olga Yenchecova, Gália Boordina, Kátia Budanova, Valéria Khomiakova, Liliana Litvak, Albina Mukariev e Ielena Zenkursk.

587 - Regimento Feminino de Bombardeio
Marina Raskova, Antonina Bonderova, Katerina Fedotova, Galina Junkovskaia, Valia Matuchina, Irina Soodova e Marussia Tjurgan.

588 - Regimento Feminino de Bombardeio

Yevd. Berchanskaya, Marina Chichnova, Ira Kacherina, Natalya Meklin, Ducie Nosal, Kátia Pabst e Larissa Rasanova.

O Regimento 587 foi designado como grupo de bombardeio de mergulho durante o dia, e o 588, como grupo de bombardeio noturno. Imagine a força de vontade e o espírito de luta dessas mulheres que, além de sofrer o escárnio de seus próprios companheiros, pilotavam os ultrapassados Polikarpov PO-2 projetados em 1928, agora aviões de treinamento, com estrutura de madeira, entelados, de baixa velocidade e com o poder de carregar apenas duas bombas, contra os muito mais modernos e superiores Messerschimitt BF-109 e Focke-Wulf FW-190 alemães. Para não dizer que tudo ia contra, os Polikarpov PO-2 eram extremamente manobráveis, e a baixa velocidade muitas vezes os livravam dos alemães que, quando mergulhavam em ataque, com velocidade tão superior, não conseguiam travar o alvo, ultrapassando-o. Ficava difícil acertar uma pata choca tão lenta como o PO-2, que se mexia para lá e para cá.

Quando os alemães souberam que o que estava tirando seu sono e começando a fazer considerável estrago em suas linhas de suprimento e combustível era o Regimento Noturno 588, comandado e composto por mulheres, deram a elas o apelido que as tornou mundialmente famosas: "Bruxas da Noite". Essas mulheres voaram mais de 30 mil missões, soltaram mais de 3 mil toneladas de bombas e formaram a unidade mais condecorada da Força Aérea Soviética. Cada mulher voou quase mil missões, e 23 delas receberam o título de Heróis da União Soviética.

Um exemplo é Natalya Meklin, ucraniana nascida em Lubny que se juntou ao grupo aos 19 anos, voou 980 missões e foi condecorada como Herói da União Soviética (o mais alto prêmio, criado em 1934), além de receber uma medalha da Ordem de Lenin, a Ordem da Estrela Vermelha com sinal de honra, duas medalhas da Ordem da Guerra Patriótica e três da Ordem da Bandeira Vermelha. Natalya sobreviveu à guerra e tornou-se tradutora, falecendo em 5 de junho de 2005.

Marina Raskova, a idealizadora dos regimentos e comandante do Regimento 587, estava em uma missão especial na região de Kuban, perto da Crimeia. De lá deveriam seguir para Stalingrado, mas no dia da viagem o voo quase foi cancelado devido ao mau tempo até que numa repentina clareada de céu, decolaram. Após a subida, perguntavam-se onde estava aquela melhora no tempo, pois as condições meteorológicas deterioraram-se rapidamente e elas pilotavam sem qualquer visibilidade em plena tempestade. Marussia Tjurgan, uma gigante cazaque que fazia parte do esquadrão, para quebrar a tensão, em rádio com as outras, associou o voo com o dia em que Marina obteve o recorde de distância tendo que saltar. Não se sabe ao certo se foi erro de navegação ou de instrumentos, o fato é que Marina voava mais baixo do que estimava e seu avião chocou-se contra o cume de uma colina. Os outros PO-2 escaparam, um deles se enroscou nos pinheiros e foi amortecido pela neve. As tripulações se salvaram; no entanto, Marina, com o choque, foi ejetada da cabine, sofrendo morte instantânea. Assim, em 6 de janeiro de 1943, a União Soviética perdia sua heroína, fundadora dos regimentos aéreos femininos e comandante do Regimento 587. Foi um dia de luto para toda a nação e um trauma para as aviadoras, que, sem exceção, viam em Marina o exemplo a ser seguido. Marina, antes de sua morte, em conversa com suas companheiras, muitas vezes se referiu a uma aviadora em especial, desde os tempos de treinamento, como sendo a melhor entre elas. A aviadora era Lydia Litvak, também conhecida como Lilya, e pertencia ao esquadrão de caças.

Voar não é para qualquer pessoa que o deseje, e muito menos para qualquer desavisado. Além de possuir o perfil adequado para enfrentar as várias situações difíceis, a saúde tem que estar em perfeitas condições. Voar caças então torna a coisa um pouco mais séria. As manobras acrobáticas, a atenção, o esforço físico sofrendo os efeitos da força G (gravidade) negativa

Lilya Litvak e seu Yak-3, 1943.

e positiva, sem contar a adrenalina, tornam esses pilotos especiais. Assim era Lilya Litvak, de apenas 21 anos. Junto com sua amiga Kátia Budanova, tornaram-se os dois únicos ases femininos no mundo.

Suas habilidades eram incomuns, e, por isso, as duas foram enviadas para um dos locais de maior horror que a guerra presenciou: a frente de Stalingrado. Designada para o 73 Regimento de Caça, baseado em Stalingrado, Litvak chegou primeiro, em um dia frio e sem recepção. O comandante do campo, Nicolai Baranov, sabia do envio de novos pilotos, mas, naquele dia de frio intenso, todos os pilotos se encontravam à beira da lareira. Foi nesse momento que Litvak entrou, dirigindo-se diretamente ao fogo para se aquecer, sem falar palavra, pois ninguém sequer olhara para ela. Não demorou muito para que o choque despertasse os presentes, quando o comandante se deu conta de que o piloto que acabava de entrar era uma mulher. E, como se não bastasse, Kátia Budanova chegou no dia seguinte com Ina Posportkina, a mecânica que manteria em ordem seus aviões.

Enfrentando o conhecido e costumeiro preconceito masculino, Lilya e Kátia, já há uma semana no campo, ainda não tinham sido convocadas, porque Baranov estava tentando a transferência das duas para outra base.

Segundo dados estatísticos do governo, àquela altura da guerra, a expectativa de vida de um piloto russo era de apenas 35 horas de voo. Sem sucesso, chegou o dia em que as coisas pioraram, e o capitão Alexei Solomatem conseguiu convencer Baranov a testar as moças. Litvak saiu em voo com Solomatem e daí em diante não mais se largaram. A moça loira, de 21 anos, com olhos puxados, era tão boa que passaram a cumprir juntos as missões. Ela se tornou sua companheira de voo, voando como seu ala e o protegendo quando ele atacava. A mesma coisa fazia Solomatem – tornava-se ala e a protegia quando ela atacava. Apaixonaram-se, e Lilya já começava a abater alemães com seu Yak batizado de Troika. Na guerra, no caso dos russos, os pilotos pintavam uma cruz suástica no avião para cada alemão abatido em combate. Lilya, no entanto, pediu à sua mecânica que pintasse uma rosa branca em vez da suástica, que ela achava horrível. Eis aí uma atitude bem feminina, independentemente das circunstâncias. Esse desejo muito próprio e peculiar correu campo, e ela passou a ser conhecida como a "Rosa Branca de Stalingrado".

Moscou precisava de heróis para manter o moral da tropa elevado. Como exemplo, tinha em Stalingrado um franco-atirador que não errava o alvo. Tratava-se de Vassili Zaitzev, que matou, inclusive, o franco-atirador alemão que veio para pegá-lo num verdadeiro jogo de escaramuças. Com as vitórias que vinha obtendo e a fama de suas rosas, Lilya despertou o interesse de Moscou, e um repórter foi enviado a Stalingrado para fazer um artigo a seu respeito. Lilya não deu bola ao entrevistador, e suas amigas Kátia e Ina forneceram a maioria das informações. Litvak tornou-se uma celebridade, não só na Rússia, mas também na Alemanha. A história das rosas brancas pintadas correu todas as bases nazistas, e o sentimento alemão era de que a "Rosa Branca de Stalingrado" precisava ser abatida a qualquer custo.

Um dia, voando sozinha, o que era raro, em um avião que não era o seu Troika, avistou um alemão em um ME-109. Entrou nas nuvens para se aproximar de modo que saísse com o sol às suas costas para não ser detectada e poder atacar. Mergulhou, e o combate de aproximadamente quinze minutos foi difícil. Os dois aparelhos foram atingidos, mas Lily conseguiu encaudar o alemão, que não mais se desvencilhou. Atingido e com o avião em chamas, saltou. Três horas mais tarde, de pé na sala de reuniões, cercado por pilotos russos, empertigado, seu semblante demonstrava inconformismo com a condição de prisioneiro. Para diminuir a empáfia do alemão, mandaram chamar a tenente Litvak. Resolveram mostrar a ele quem o havia abatido. No primeiro momento, recusou-se a aceitar, achando que pretendiam humilhá-lo, até que a tenente começou a descrever com precisão as fases do combate. Lembrou também da volta que deu com o avião em torno de seu paraquedas. O alemão sabia das pilotos russas, mas ser abatido por uma delas não estava em seus planos. Lívido e com o olhar fixo num ponto da parede, seu sorriso desapareceu. A tenente ainda completou dizendo que aquele seria o destino de cada piloto alemão nos céus da Rússia. Até o último. Este abatido germânico cheio de medalhas não era ninguém menos do que o major Manfred Weber, veterano da Luftwaffe, perto dos 40 anos, com várias condecorações, inclusive a Cruz de Ferro com louros. As notícias desse encontro correram nuvens e deixaram os alemães literalmente enfurecidos e humilhados. Na semana seguinte, Lilya foi atingida três vezes. Em duas saltou de paraquedas e na terceira pousou com seu Troika de barriga.

Você já tentou imaginar as várias posições do bigodinho raivoso de Hitler, ao saber que seus pilotos de raça superior estavam sendo abatidos como frangos por uma mulher piloto comunista de 21 anos, que, ainda por cima, identificava seu avião com rosas brancas, como quem diz: "Estou aqui, tentem me pegar"? Àquela altura, Lilya Litvak tinha se tornado chefe de esquadrilha. As rosas em seu avião tornaram-se um chamariz e uma propaganda indesejada. Ela foi alertada por vários companheiros a desfazer-se das rosas para preservar sua vida.

No dia 18 de julho de 1943, morreu em combate sua amiga Kátia Budanova. Lilya já tinha perdido o homem que amava, o capitão Solomatem, em um acidente na própria base, ao testar um novo piloto que chegara ao campo. Inconformada, passou a combater com fúria, sem dar muita importância às rosas. Convenceu-se afinal a tirá-las, mas, antes que pudesse fazê-lo, partiu em combate. No dia 1º de agosto de 1943, oito alemães em seus ME-109 mergulharam sobre ela ao identificá-la. A batalha foi acirrada, cada segundo de voo era importante e não dava tempo de pensar, apenas agir com instinto e combater. Contra oito, conseguiu abater dois, antes de ver seu Troika em chamas. Seu novo companheiro de voo, Ivan Borisenko, não pôde fazer muito para protegê-la. Ela era cotidianamente caçada pelos alemães, e todos estavam engajados na luta tentando se salvar; o céu estava repleto de alemães. Seu parceiro relatou ter visto o fogo e o avião mergulhando rumo ao solo. Não se sabe se morreu na queda ou foi morta no solo. Dada como desaparecida nesse 1º de agosto de 1943, muitos homens choraram em seu regimento, e a Rússia perdia uma de suas maiores heroínas.

Os destroços de seu avião e seu corpo não foram encontrados. Especulava-se até a possibilidade de estar viva, quando, em 1979, depois de intensas buscas, os pedaços do Yak com seus restos mortais debaixo de uma das asas foram encontrados. Os alemães enterraram o avião e o corpo propositadamente para que não fossem encontrados. Em 1990, o presidente Mikhail Gorbachev concedeu-lhe a Medalha de Ouro como Heroína da União Soviética. Após a guerra, Lilya Litvak ganhou uma estátua em sua homenagem no centro de Krasny Luch. Os dados não são precisos, mas essa incrível aviadora de apenas 21 anos, no curto tempo que sobreviveu a Stalingrado, tem em sua conta o abate de onze ou doze aviões de caça alemães, mais quatro bombardeiros compartilhados.

Capítulo 5
ALEMANHA

Amelie Beese nasceu na Alemanha durante o Segundo Reich. Sob o comando do kaiser Guilherme II, a Alemanha expandia suas colônias ultramarinas e, consequentemente, sua frota marítima, num programa iniciado em fins do século XIX pelo almirante Von Tirpitz. Proliferam-se os tratados de aliança em toda a Europa, mas a Alemanha estava cada vez mais isolada. Sua política de poder imperialista em expansão não agradava Inglaterra, França e Rússia.

Em 1911, quando Amelie recebeu sua licença de voo, a Alemanha iniciou um período de cooperação com o governo chinês, ajudando a China na modernização de suas indústrias e forças armadas, enquanto a Alemanha recebia em troca matéria-prima.

Amelie viu estourar a Primeira Guerra Mundial, e, com seu fim, nascer a República de Weimar e uma Alemanha sem parte dos territórios e colônias de além-mar. Os dois maiores inimigos do novo regime eram o Partido Comunista Alemão (KPD) e o Partido Nacional-Socialista dos Trabalhadores Alemães (NSDAP), que abusariam das liberdades democráticas para lutar contra a República de Weimar. Hitler saiu da prisão em 1924, após a tentativa fracassada de um golpe de Estado junto com o Partido Nazista, em novembro de 1923. Com a morte de Guilherme II em 1925, a Alemanha passou a ser governada pelo marechal de campo Hindenburg, monarquista, eleito presidente em 1924.

Amelie Beese (1886-1925)

Amelie Hechvig Beese nasceu em 13 de setembro de 1886, em Dresden, Alemanha. Segunda filha do arquiteto Friedrich Karl Richard Beese, Melli, como era chamada, foi uma criança precoce. Desde cedo usava os materiais do pai para desenhos, aos 6 anos tocava violino, e tempos mais tarde, piano. Inteligente, falava várias línguas, inclusive o sueco. Os pais, preocupados com seu futuro, pensavam na melhor maneira de educá-la, mas Melli já tinha suas próprias ideias, e entre elas não estava incluído um futuro como dona de casa exemplar, como mandava o costume, e nem se preocupava com casamento, como a maioria das mulheres e colegas. Era diferente, e sempre questionava as limitações impostas às mulheres pelas regras sociais, sobretudo após o casamento, em que invariavelmente se submetiam aos seus maridos. Escultora nos seus primeiros anos de estudo, tinha muita habilidade com as mãos e sempre sentiu forte atração pelas artes. Achar uma escola que a aceitasse, porém, não foi tarefa fácil. Antes da Primeira Guerra Mundial, nenhuma mulher havia sido aceita nas academias de Dresden ou Berlim, e Melli partiu, em 1906, para a Suécia, onde não existia tal empecilho.

Aprendeu a velejar e fez vários amigos, até que em 1908, aos 22 anos, ganhou seu primeiro prêmio por um trabalho. Atenta aos acontecimentos mundiais, começou a prestar mais atenção nas notícias sobre aviação, tema que a interessava desde pequena. Terminou o curso de arte em 1909, despediu-se da Suécia, de seus amigos e voltou para a casa do pai na Alemanha, onde ouviu extasiada as notícias sobre o aviador francês Louis Blériot, que atravessara o canal da Mancha, indo de Calais a Dover, num voo que despertou a imaginação dos povos e, sobretudo, de Melli Beese.

Percebendo o interesse de Melli pela aviação, o pai tentou demovê-la da ideia de voar e, como não obteve sucesso, resolveu patrociná-la. Melli seguiu para uma escola perto de Berlim, o campo de Johannisthal, que no momento era o centro da aviação. Ao chegar, em 1910, não tardou a descobrir o preconceito dos homens.

Amelie Beese à frente de um avião, 1910.

A Companhia Wrigth e Engellhard, seu piloto chefe, deixavam bem claro que mulheres não eram bem-vindas por considerá-las inadequadas ao voo. Melli somente conseguiu encontrar um professor na Companhia Ad Astra – um norueguês chamado Robert Thelen –, que a ensinaria nas horas vagas desde que ela trabalhasse na oficina, na montagem dos aviões, como todos que lá estavam. Ela adorou a condição, e, depois de muita graxa e paciência, seu dia de voar finalmente chegou. Melli mal podia se conter de tanta felicidade, e achou seu primeiro voo fantástico. Infelizmente, o primeiro acidente não tardou a chegar, coincidindo com o dia em que sua irmã Hertha foi vê-la voar. Melli quebrou o pé no acidente, e Hertha, temendo pela saúde da irmã, tentou convencê-la a abandonar os aviões. Como se não bastasse o susto pelo acidente, pouco tempo depois perdeu o pai, acontecimento que a deixou bastante abalada, pois sua ligação com ele era muito forte. Melli foi ao enterro em Dresden e, retornando a Johannisthal, ainda de muletas e com os recursos deixados pelo pai, resolveu que a coisa seria diferente, e sairia da fila de espera.

Thelen, seu instrutor norueguês, depois do acidente, passou a tratar Melli com distância, escusando-se de ministrar as aulas combinadas. Cansada de esperar, rompeu seu contrato com a Ad Astra e, com a ajuda de Ellery von Gorrisen, observador do aeroclube, foi apresentada a Robert von Mossner, que trabalhava para a Weimar. Em seu primeiro voo, Mossner levou-a para competir em Dresden, mas o mau tempo lhes pregou uma peça. Perdidos nas nuvens, acabaram ensopados pela chuva, sem a consulta dos mapas. Aguardavam pelo momento em que pudessem ver o solo para se localizar. Quando puderam enxergar, descobriram que haviam voado em círculos e, em vez de chegar a Dresden, haviam retornado ao campo de partida. Foi o fim da competição.

Em seu terceiro voo, finalmente teve o avião em suas mãos, mas, com a morte de um de seus amigos em Johannisthal, deixou Weimar. Retornando, encontrou um campo mudado, com reforma nas estruturas, pista de pouso e avanços tecnológicos, e pôde arranjar um novo protetor, Georg von Tschudi, que apostou na ideia de torná-la um chamariz para atrair público e negócios. Mediante tais argumentos, convenceu Edmund Rumpler, dono de uma escola, a tomá-la como estudante. Como era de costume, o instrutor de voo Hellmuth Hirkth sofria da mesma doença que a maioria dos homens da época: machismo incontrolável. Mulheres não tinham sido feitas para voar, e mais uma vez Melli viu-se numa fila de espera quase eterna pela mais pura lógica: primeiro os homens.

Depois de muita luta, pôde dar o passo mais importante rumo à obtenção do brevê, que foi seu voo solo em 27 de julho. Pousando o avião com classe e sem deixá-lo quicar ao contato com o solo, deu uma bela demonstração de habilidade e técnica. A imprensa não deixou passar o fato. Foi assim que Melli começou a conquistar sua posição, principalmente em cima daqueles que achavam que ela estava ali só para divertir o público, arrumar marido, ou ambos.

A implicância machista contra Melli persistia, a ponto de ela sofrer dois acidentes que poderiam ter sido fatais por causa de sabotagem em seu aparelho. A primeira brincadeira foi drenarem combustível dos tanques, deixando-os quase vazios. O resultado foi uma pane seca em pleno voo, obrigando-a a pousar em emergência fora da pista. Uma pane seca não é algo agradável de enfrentar de surpresa, especialmente porque os aviões da época não tinham instrumentos no painel que indicassem o nível de combustível. Nessa condição, o primeiro momento é de susto ao ver o motor parar. Nessa hora, é crucial que a atitude de voo e o raciocínio sejam rápidos. Estabiliza-se o avião em voo planado e procura-se imediatamente um local para pouso. Definido o local, o piloto não pode errar na aproximação, porque não tem como corrigir o erro. Com uma destreza inerente, Melli conseguiu aterrissar sem se machucar e, desse dia em diante, passou a verificar pessoalmente o nível dos tanques antes de decolar. Na segunda sabotagem, ao checar o avião, encontrou os cabos de comando com tamanhos diferentes, o que não permitiria, em voo, o devido controle do avião.

Sem se deixar abater, depois de todos os percalços, conseguiu a muito custo sua licença, de número 115, em 13 de setembro de 1911, mesmo dia em que completava 25 anos, tornando-se a primeira mulher alemã oficialmente brevetada. Antes mesmo de receber a licença, o *New York Tribune*, sucursal de Berlim, no dia 8 de setembro, já noticiava a aviadora alemã.

A primeira aventura, após o brevê em mãos, foi entrar em uma competição. Alguns pilotos, no entanto, não queriam competir com uma mulher. Como o evento era importante, ou se curvavam às circunstâncias, ou ficavam de fora. Melli Beese não decepcionou, conseguiu bater o recorde de altitude feminina, antes pertencente à belga Hélène Dutrieu, e mais o recorde de resistência (tempo de permanência em voo). Foi um alvoroço, e até o capitão Paul Engellhard, piloto chefe da Companhia Wrigth (que não acreditava em mulheres pilotos), entrou no campo para cumprimentá-la. Melli tornou-se a sensação da semana, sendo noticiada por toda a imprensa em Berlim. Com os resultados obtidos até aquele momento, aproximava-se do primeiro lugar na competição, deixando os homens preocupados. O dia seguinte, 28 de setembro, não foi um bom dia para voar, o campo estava alagado pelas chuvas, e Hellmuth Hirkth (seu ex-instrutor machista) aproveitou a oportunidade para declarar que Melli não poderia voar e que ele não se responsabilizaria por um eventual acidente, já que ela utilizava um avião alugado, numa clara tentativa de mantê-la distante do primeiro lugar. Ofereceu, porém, com enorme generosidade, levá-la como passageira. Sem poder lutar, Melli aceitou, pois era melhor do que não voar, e embora o dia estivesse péssimo, mesmo para os pilotos mais experientes, conseguiu manter seu terceiro lugar. A imprensa continuava a elogiá-la, referindo-se a ela como a "*sunshine pilot*", deixando os chauvinistas enfurecidos.

O francês Charles Boutard, um de seus companheiros de voo, percebendo que ela não estava feliz na competição, convidou-a a tomar um café e, no meio da conversa, lançou a ideia de montarem juntos uma escola de voo. A proposta agradou muito, pois àquela altura Melli já tinha realizado seu desejo de brevetar-se, provando ser melhor que muitos homens, e estava na hora de seguir seu coração na busca de novas atividades.

Mais um dia amanheceu ruim para as competições; mesmo assim, Paul Engellhard, piloto da Companhia Wrigth, resolveu decolar com seu passageiro e enfrentar o tempo. O resultado, após 45 minutos de voo, foi ter o avião espatifado. O pessoal de terra e os espectadores acorreram ao local do acidente, onde encontraram o corpo de Paul já sem vida e o passageiro com ferimentos graves. Houve uma consternação geral entre os pilotos pela morte do Capitão (como era chamado), e quiseram interromper as competições. Não foi possível, o circo tinha que continuar, e Melli terminou em quinto lugar.

Na época, as fábricas estavam crescendo e produziam aviões em série com maior tecnologia, prenunciando o fim dos pequenos construtores idealistas e sonhadores.

Melli continuou a fazer demonstrações, mesmo sabendo que os homens se ressentiam ao vê-la e tentavam lhe pregar peças, como na vez em que ficou sem combustível. Numa apresentação em Hannover e Detmold, na hora de decolar, uma multidão invadiu o campo, quebrou as grades de proteção da pista e, dirigindo-se a ela, impediram-na de prosseguir. Aquela foi a gota d'água; sua paciência chegara ao fim. Cansou dos voos e voltou suas atenções noutra direção.

Com o amigo Charles Boutard e Hermann Rechelt, iniciou o que pareceu ser uma mudança de atividade, colocando em prática a conversa que tivera com Charles e abrindo a Melli Beese Flying School, em Dresden. Ela e seus companheiros iniciaram as aulas com três aviões. Melli, com a experiência adquirida, focava, em primeiro lugar, na segurança do piloto, o que tornava seus índices invejáveis: nunca houve nenhuma morte e nenhum acidente sério. Apesar disso, a escola mal se pagava, porque não tinha muitos alunos. O convívio mais estreito com Charles terminou por levá-los ao casamento e, além de aulas de voo, Melli começou a dedicar-se à construção de aviões.

Em 1913, seu primeiro modelo, baseado em um avião francês, saiu para o campo. Melli foi uma ótima projetista e desenhava novas partes, modificando e aperfeiçoando o modelo original. O primeiro voo no campo de Johannisthal foi perfeito, com o avião mostrando ótima manobrabilidade e velocidade, por causa do motor mais forte. Tinha a capacidade de carregar três passageiros. Os militares, nessa época, observavam atentos, pois a Alemanha sentia a necessidade de formar pilotos e construir aviões. Melli desejava fornecer ao governo alemão os dois, e apesar do bom desempenho de seu aparelho, não foi o que aconteceu. As oportunidades foram dadas às grandes fábricas, como Rumpler, Albatroz, Aviatik e mais tarde Fokker, mesmo porque Melli, após se casar com Charles, tornou-se cidadã francesa, e as leis alemãs não permitiam que estrangeiros dessem esse tipo de suporte militar. É preciso não esquecer que o fantasma machista continuava a assombrá-la: o problema não era apenas a cidadania francesa de Melli, mas também o fato de ser mulher. Essa simples questão de gênero em seu nascimento fez com que a confiabilidade de seus projetos fosse sempre posta em dúvida – uma mulher projetando aviões era algo inconcebível.

Entre janeiro de 1912 e agosto de 1914, Melli e o marido viveram um período tranquilo e de muito trabalho no projeto de um avião anfíbio. Mais um desafio assumido, até que o dinheiro acabou e precisaram voltar a entrar em competições aéreas para arrecadar fundos. Agora, porém, como cidadã francesa, não podia competir na Alemanha. A solução foi emprestar o avião a seu amigo Hermann Dorner, que conseguiu vencer a prova e trouxe aos bolsos o prêmio de mil marcos, o suficiente para dar novo fôlego a Melli. Dorner era um gênio na construção aeronáutica, e Melli o convidou para participar dos projetos. Sua genialidade, somada às habilidades técnicas e de desenho de Melli, resultou em um modelo com estilo avançado, logo patenteado. (Depois da guerra, seu projeto tornou-se conhecido e foi utilizado por diversos países.)

Com a Primeira Guerra Mundial se aproximando, o fervor nacionalista dava os primeiros sinais. A gerência do campo em Johannisthal foi posta nas mãos de um militar, e Charles e Melli, não sendo mais bem-vindos, mudaram-se para Neukolln, perto de Berlim. O segundo modelo que fizeram, em 1913, superou todas as expectativas no primeiro voo. Como o anterior, era um modelo de alta qualidade e excelente desempenho, equipado com um motor francês superior aos alemães. Mais uma vez os militares foram observar, e mais uma vez levaram consigo seus preconceitos. Primeiro, levantaram dúvidas quanto ao piloto de testes, que era francês e não alemão, e depois repetiram a mesma ladainha quando do primeiro modelo: era inconcebível que uma mulher o tivesse projetado ou feito parte do projeto, e, graças ao fanatismo patriótico, lançaram ao lixo um excelente projeto.

Na primavera de 1914, Melli e Charles concluíram seus trabalhos em Neukolln e se mudaram para Warnemunde, perto de um lago, onde passaram a dar andamento ao projeto do avião anfíbio, outro modelo arrojado desenvolvido por Melli. Para apresentá-lo, inscreveram-se numa competição com outros dois fabricantes, mas o evento foi suspenso por ordens de Berlim, segundo informou a Marinha, e Melli e Charles foram presos como inimigos do Estado, em meio a rumores de que o conflito estava na iminência de atingir todo o país. Melli não demorou a ser solta, mas Charles permaneceu preso e foi torturado na prisão de Holzminden, até ser encaminhado para tratamento em um hospital.

Terminou assim o sonho, e um período de privações e injustiças teve início na vida do casal. Todos os seus bens foram confiscados, e os inspetores oficiais do governo não permitiram que amigos os acudissem e lhes dessem emprego em suas fábricas de aviões. Foram confinados em uma fazenda em Prignitz. Morando num quarto pequeno e úmido, Charles, já abatido, contraiu tuberculose. Apesar do médico constatar a doença, não permitiram que saíssem de lá, e apenas com o final da guerra, em 1918, foram libertados e puderam retornar ao campo de Johannisthal, agora destruído – uma cena desoladora para o casal.

Física e psicologicamente quebrados, só se mantinham de pé por conta da esperança. Melli contratou um advogado para restituir tudo o que lhe fora tomado pelo governo durante a guerra e pensava em recomeçar a vida fazendo demonstrações de voo e reabrindo sua escola. Charles, mais realista ou pessimista, pensava em tornar-se motorista de táxi em Berlim, pois não acreditava que pudessem voltar a exercer as antigas atividades. Foi então que, ao ouvir a notícia de que dois ingleses haviam atravessado o Atlântico Norte, Melli teve a ideia de dar uma volta ao mundo pilotando um avião. Começou a fazer movimentos nesse sentido, e os jornais e homens de negócio se aproximaram excitados com a ideia, ainda mais por ser uma mulher a realizar o voo. Passou a ter problemas, contudo, quando as pessoas colocavam em dúvida sua real condição de cumprir a tarefa, ao descobrirem que a morfina, agora, era parte integrante de sua vida. Sem conseguir patrocínio, Melli voltou à depressão.

Trabalhando como demonstradora de motocicletas a 20 marcos por dia, ainda tentou escrever um livro sobre os pioneiros da aviação alemã no período anterior à guerra, mas até esse projeto sofreu a influência machista junto às editoras, que alegaram que a história deveria ser contada por um homem. Com a deterioração de seu casamento, Charles volta à França, onde foi preso ao chegar. Após esclarecimentos sobre suas atividades durante a guerra na Alemanha, foi solto, voltando desiludido para Berlim.

O advogado de Melli conseguiu vencer a causa e receber a indenização. Porém, descontados inflação, honorários e adiantamentos feitos, pouco sobrou. Com sua parte do dinheiro, Charles comprou um carro e se tornou motorista de táxi em Berlim, enquanto Melli tentou voltar a voar. Conseguiu uma oportunidade, mas, num pouso malsucedido, quebrou o avião em outubro de 1925 e resolveu encerrar sua carreira de aviadora. Nunca se recuperou dos maus-tratos sofridos durante a guerra nem conseguiu se livrar das depressões. Em 22 de dezembro de 1925, aos 39 anos, deu um tiro na cabeça dentro do quarto em Berlim.

Numa exibição no Heimatmuseum Treptow em Berlim, no ano de 1992, é que Melli Beese teve o reconhecimento merecido por suas atividades aeronáuticas e seu lugar na história da aviação alemã.

Segunda Guerra Mundial: Hanna Reitsch (1912-1979)

Hanna Reitsch nasceu em Hirschberg, na Silésia. Filha de um médico oftalmologista, estudou Medicina aos 20 anos para fazer o gosto do pai, mas desde os 4 mostrava vontade de voar. Desejava se tornar médica missionária na África para poder voar, e em 1923 iniciou seus voos de planador, recebendo o brevê de número 25. Hanna se tornou excelente piloto (não só de planador), e ficou famosa por bater vários recordes, entre eles, o de ser a primeira mulher a cruzar os Alpes em um planador, em 1932.

Em 1934, Hanna fez parte de um grupo alemão de pilotos de planador que veio ao Brasil com o intuito de fomentar o esporte, patrocinados pelo empresário brasileiro Assis Chateaubriand (entusiasta da aviação e dono de vários jornais), fazendo apresentações em algumas capitais. O time era composto por Walter Georgii, o chefe da expedição, tido como o pai da meteorologia esportiva e que estudou vários fenômenos, como as correntes de ar térmicas, voos em *cumulus nimbus* (CBs) e voos em entrada de frentes frias; Wolf Hirth, construtor, projetista, piloto de planadores e aviões; Heini Dittmar, considerado o melhor piloto de planador de sua época e também pesquisador de novas soluções aerodinâmicas; Peter Riedel, que desenvolveu o reboque por aviões; e, por fim, Hanna Reitsch, a única mulher. Dessa passagem pelo Brasil, Hanna guardou em seu currículo dois fatos que valem a pena ser lembrados. O primeiro foi o recorde mundial feminino de altitude, em 17 de fevereiro de 1934, quando atingiu a marca de 2.200 metros com seu planador sobre a cidade do Rio de Janeiro. O segundo,

Hanna Reitsch *e o comandante Knoetsch em frente ao DFS Habicht, primeiro planador acrobático, em Kassel-Waldau, no dia 17 de julho de 1938.*

acontecido na cidade de São Paulo, é um fato mais curioso, descrito em seu livro *The Sky My Kingdom*.

No aeródromo do Campo de Marte, em São Paulo, Hanna e sua equipe iniciavam mais uma demonstração de voo a vela. Última a decolar do grupo, o reboque seguiu puxando seu Grunau no sentido centro da cidade por causa do vento. Começando a ganhar altura, ela sente o planador ser puxado para cima pela corrente de ar, esticando a corda do reboque. Nesse momento, imaginou estar numa corrente térmica (que são correntes ascendentes) e sabia que, se soltasse o cabo do avião, subiria com mais eficiência. Assim o fez, mas logo percebeu o erro. Não era uma corrente térmica, era uma bolha térmica que a pegara de passagem e que não levara seu planador como pretendido. Logo após o primeiro círculo para tentar subir, começou a perder altura (os planadores sobem em círculos dentro das correntes térmicas). Circulou em busca de outras correntes, mas o que via era a cidade se aproximando cada vez mais. Deu-se conta de que precisava de um lugar para pousar, já que estava fora de cogitação voltar ao Campo de Marte, de onde decolara. Muito preocupada por imaginar-se pousando em uma rua movimentada, sob o risco de machucar outras pessoas, a si própria e ao planador, avistou ao lado o que parecia ser um campo aberto em meio à cidade. Descobriu um campo de futebol, com uma partida em andamento e uma enorme plateia. Sem alternativa, preparou-se para o pouso. Na reta final, ainda teve que passar por baixo de um cabo de alta tensão próximo aos espectadores.

O jornal *O Diário de São Paulo*, que pertencia ao grupo Diários Associados, de Assis Chateaubriand, noticiou em 28 de fevereiro de 1934:

> [...] depois de desligado o cabo Hanna constatou que a manobra tinha sido feita com precipitação, pois não encontrou correntes que a elevassem. Resolveu então aterrissar, o que fez com toda a calma e regularidade em um campo de futebol existente ao lado da fábrica do conde Sylvio Penteado, à Rua Glycerio.

O fato despertou viva curiosidade, acorrendo ao local grande massa de curiosos. Dizia-se que houve um acidente o que logo se verificou não ser exato. Hanna Reitsch sorria para o povo que a polícia evitava que se aproximasse do aparelho. E o Grunau Baby foi rebocado rapidamente para o Campo de Marte.

Hanna conta, em seu livro, que havia aprendido uma palavra em português, e que usá-la naquele momento foi muito útil. Juntou forças e gritou com vontade: "Cuidado! Cuidado!". Os jogadores perceberam, mas, quando Hanna passou raspando a trave, é que se deram conta da situação, jogaram-se ao chão e abriram espaço. Felizmente, não saiu ninguém machucado, Hanna e o planador inteiros, mas foi um susto perceber o campo sendo invadido pela multidão. Desconectou o paraquedas e saltou para fora, mostrando a cabeleira loira. Os homens tiraram os chapéus, abanaram as mãos e atiraram beijos. Foi o melhor cartão de apresentação, a conquista definitiva do público. Com as manchetes dos jornais comentando sobre "a garota que caiu do céu", dezenas foram ao Campo de Marte nos dias que se seguiram assistir às apresentações dos pilotos alemães, e claro, daquela loira corajosa, magra e de baixa estatura. Hanna Reitsch continuou excursionando pelo mundo. Após o Brasil, seguiu para Argentina, Estados Unidos, Portugal, Finlândia e, em 1939, Líbia.

Com o início da Segunda Guerra Mundial, recebeu o título de capitã e foi condecorada por Adolf Hitler, em 1941, com a Cruz de Ferro. Era a estrela do Partido Nazista, mas não se interessava por política, e sim por voar. Durante a Segunda Guerra Mundial, não combateu como as russas, mas executou algumas missões como a de 1940, levando tropas com planadores até a linha Maginot. Tornou-se piloto de testes da Luftwaffe sob a proteção do general Udet. Voou pelo menos quarenta tipos de aeronaves. Foi a primeira mulher a voar um jato e, num teste de voo com o ME-163 Komet, sofreu um acidente na aterrissagem. Saiu do aparelho levando seu nariz, que caiu no colo, e ficou aguardando socorro médico.

Além de esmagar o osso do nariz, o maxilar superior estava deslocado, várias vértebras quebradas e a cabeça rachada. Foram cinco meses de cirurgias plásticas e neurocirurgia para salvar a maior piloto de Hitler. Em fevereiro de 1938, antes do acidente, conquistou o título de primeira mulher a voar um helicóptero, um FW-61 – modelo desenvolvido por Heinrich Focke e Achgelis –, em demonstração no Deutschlandhalle, em Berlim.

Com o desenrolar da guerra e as dificuldades pelas quais passavam os alemães, Hitler imaginou montar um esquadrão suicida, como o dos japoneses, baseado em modelos a jato, derivados da bomba V-1. Hanna e o capitão da SS Otto Skorzeny idealizaram o Fieseler Fi 103 Liberec para uma missão que acabou não acontecendo. O militar Hermann Göring, no início, foi contra a ideia, e apenas em abril de 1945 decidiu-se pela formação de esquadrões suicidas, mas houve dificuldades no recrutamento e problemas técnicos com os modelos. Os voluntários para as missões utilizaram o caça a pistão, ME-109, um dos melhores caças da guerra, para derrubar as formações de bombardeiros aliados.

Com os russos entrando em Berlim, Hanna voou com o general Von Greim até o *bunker* de Hitler em 26 de abril de 1945. Von Greim foi designado para assumir a Luftwaffe no lugar de Göring, que agora Hitler considerava traidor, mas, durante o voo, o avião foi alvejado pela artilharia antiaérea russa e Von Greim foi ferido. Com o avião avariado, Hanna pousou na rua, e eles permaneceram três dias no *bunker* de Hitler como convidados. Foram os últimos a estarem com Hitler e, sob suas ordens, ela e Greim decolaram em 29 de abril. Para não ser abatida por "fogo amigo", colocou sua cabeleira loira à mostra para ser reconhecida pelos seus e sair ilesa do inferno que logo se tornou Berlim em seus últimos momentos. Voaram para a sede do almirante Karl Donitz, até serem capturados pelos aliados. Seu namorado Von Greim suicidou-se em maio de 1945, mas Hanna nunca perdeu o amor pelos céus.

Hanna Reitsch era excepcional, assim como outra loira magra e de baixa estatura como ela: Lilya Litvak, piloto de caça russa, único ás feminino no mundo, que combateu em Stalingrado (ver capítulo sobre a Rússia). Hanna voltou ao Brasil em 1952, onde deu palestras e visitou o Centro Técnico Aeroespacial (CTA). Em 1955, tornou-se campeã de voo a vela e ajudou muitas aviadoras e aviadores no mundo. Em 1959, foi para a Índia, a convite do primeiro-ministro Jawaharlal Nehru, para organizar aeroclubes de planadores. Tornou-se amiga de Indira Ghandi e levou Nehru para um voo de planador sobre Deli. Em 1961, foi recebida pelo presidente Kennedy nos Estados Unidos, onde se tornou membro da Associação de Pilotos de Teste. Em 1962, recebeu do primeiro presidente de Gana, Kwame Nkrumah, convite semelhante ao de Nehru e fundou a Escola de Planadores em Gana, onde permaneceu até 1966. Morreu de um ataque cardíaco fulminante em 24 de agosto de 1979, aos 67 anos, em Frankfurt, Alemanha, mas foi enterrada em Salzburgo, Áustria, junto à sua família. Hanna é considerada uma das maiores pilotos mulheres do mundo, senão a maior.

Capítulo 6
REPÚBLICA TCHECA

O território da atual República Tcheca, na época do nascimento de Bozena Laglerová, fazia parte do Império Austro-Húngaro. Até ela ser brevetada, em 1911, a situação política não se alterou. No entanto, após a Primeira Guerra Mundial, Bozena assistiu ao nascimento de um novo Estado, a Tchecoslováquia, que, após uma crescente industrialização, tornou-se um dos países mais desenvolvidos da Europa.

O ano de 1911 – auge da *art nouveau* – foi também o ano de conclusão, em Praga, da Obecní Dum, uma exuberante sala de concertos, com salão de festas, café e restaurante, hoje patrimônio histórico da humanidade.

Bozena é contemporânea de homens como Gustav Mahler, músico nascido no Reino da Boêmia e considerado um dos maiores regentes de todos os tempos, que dirigiu a Ópera de Budapeste e a Ópera Imperial de Viena e regeu em Hamburgo e Nova York. Foi ele também que criou um novo tipo de sinfonia, com a participação da voz humana. Bozena morreu durante a Segunda Guerra Mundial, sem presenciar a avalanche comunista que alteraria todo o quadro econômico e geopolítico no Leste Europeu.

Bozena Laglerová (1886-1941)

Bozena Laglerová nasceu em 11 de dezembro de 1886, em Praga. Última dos sete filhos de Josefa Poctové e Václav Lagler, secretário da Diretoria Financeira Nacional, sua família fazia parte da classe média do funcionalismo, o que lhe garantiu uma vida confortável até a morte de seu pai, em 1891,

Joseph P. Richter e *Bozena Laglerová*, em 28 de julho de 1913.

quando Bozena tinha apenas 5 anos. A mãe passou a ter dificuldades para criar os filhos, e Bozena foi educada pelo tutor, um tio pelo lado materno, tido como um eminente paleontólogo e geólogo, dr. Filip Pocta, professor da Universidade Karlovy.

O propósito de vida das colegiais tchecas, em fins do século XIX e início do XX, era ter noção de como dirigir um lar. Tricotar e costurar, tocar piano, aprender francês e alemão. Cercavam-se de rapazes candidatos a um bom casamento, com todo o apoio dos pais, pois a única exigência às filhas era casar bem. No entanto, sempre aparece uma mulher com ideias próprias, que não deseja marido como objetivo de vida, e sim uma realização pessoal; mulheres que quebram barreiras com sua capacidade e talento. Em meio às artes, já existia um campo de trabalho para essas mulheres, até com certo prestígio social. Bozena tinha talentos musicais, o que facilitou muito sua instrução. Aos 16 anos, matriculou-se no Departamento de Canto do Conservatório da Universidade de Praga, onde estudou por quatro anos. No ano de 1906, formou-se com ótimas notas e, no outono de 1907, se apresentou em óperas como solista de coral, tentando o início de uma carreira artística. As críticas, porém, não foram favoráveis. Sua voz não era suficientemente forte e, decepcionada, decidiu deixar o teatro. Sua última atuação foi em *O morcego*, de Johann Strauss, em 1908. Aconselhada a ir a Paris a fim de se aprimorar, ela seguiu viagem com a permissão da mãe e do tutor, lá permanecendo até 1910. Uma inflamação nas cordas vocais, porém, fez sua voz perder a firmeza.

O marido de uma de suas irmãs, Václav Felix, também professor universitário de física experimental, tinha paixão por voos em máquinas mais pesadas do que o ar. Em 1909, representando o grupo de aviação tcheco, Felix foi à Exposição Internacional de Aviação (ILA) em Frankfurt, levando a jovem cunhada Bozena. O Aeroclube Tcheco tinha resolvido, nessa época, reativar na cidade de Pilsen um local para competições, abrindo uma escola de aviação e organizando voos oficiais. Para isso, compraram na França um modelo Blériot XII, mas o piloto que trouxe o aparelho e foi destacado para as apresentações era um mecânico de aviões sem experiência em voos, e danificou o avião numa das tentativas de decolagem. Os tchecos não gostaram quando descobriram o fato, e o mecânico voltou rapidamente para a França. A associação de pilotos convidou outro francês, Henri-Marie Jullerot, que, dessa vez, voando num modelo Farman, proporcionou a uma entusiasmada plateia os voos esperados. Porém, não permaneceu por muito tempo em solo, seguindo a Budapeste para um encontro de aviadores e frustrando, mais uma vez, os tchecos, que esperavam poder ver sua escola funcionar.

As atividades aeronáuticas continuavam a se desenvolver na Europa e no Reino da Boêmia, parte do Império Austro-Húngaro. No mês de outubro de 1910, o consórcio dos irmãos Wright fez demonstrações em Praga e, para isso, convidou diversos pilotos, entre os quais o austríaco Josef Sablatnig, premiado por ter cinquenta voos em aviões do tipo Wright, e o alemão Oswald Kahnt, com seu modelo Grade, fabricado em Bork. Além dos shows proporcionados, os pilotos cobravam uma taxa dos passageiros mais corajosos que desejavam um pouco de emoção, permanecendo alguns minutos no ar.

Essas atividades não passavam despercebidas por Bozena, que assistia a tudo em companhia de seu cunhado, o professor Felix, então diretor de voo do evento. Após conversar com alguns pilotos, Bozena tomou a decisão de dedicar-se aos aviões. A aviação era paixão, glória, dinheiro e aventura. Os que eram picados pela mosca do voo não levavam em conta possíveis frustrações, problemas de saúde e mesmo a morte. O negócio era voar. Como a Escola Tcheca de Pilotos e o Aeroclube Tcheco não eram reconhecidos pela Federação Aeronáutica Internacional (FAI), sediada na França, Bozena teria que sair de Praga. O Estado-mãe dos tchecos era a Áustria, e os pensamentos aeronáuticos de Bozena se voltaram para Viena, mas o piloto austríaco Sablatnig não a incentivou. Grosseiro e pouco simpático, fez com que ela se decidisse pela Alemanha. A escola de pilotagem em Bork, próximo a Berlim, crescia, e ela definiu seu destino. Iria aprender a pilotar num modelo Grade. Viajou para Bork em meados de fevereiro de 1911, acompanhada por uma mãe apreensiva e por Jaroslav, de 16 anos, mecânico do laboratório de física de seu cunhado que deveria aprender o que pudesse sobre mecânica de voo e, ao mesmo tempo, fazer-lhe companhia. Em meio a um bosque de pinheiros, encontrava-se o aeródromo, a escola de pilotagem, uma estação e novas fábricas. O criador desse complexo era Hans Grade, construtor, empresário e aviador, detentor do brevê número 2 na Alemanha e figura muito popular entre os aviadores.

Bozena iniciou seu curso, aprendendo primeiro nas oficinas os conhecimentos básicos sobre aviões e voo, para depois se sentar no lugar de piloto sob as instruções de Hans Roever. As imprensas tcheca e alemã seguiam de perto os progressos de Laglerová, que por volta de 15 de março fez seu primeiro voo solo. Seu instrutor, achando que ela estava pronta, insistiu para que fizesse a prova, marcada para 24 de maio, quando uma comissão esportiva de Berlim se deslocou até Bork para aplicar o exame. Não se sabe ao certo se foi no dia do exame ou no dia anterior que Bozena, depois de voar por dezoito minutos, ao aproximar-se da pista para pouso, realizou uma curva brusca e desceu em velocidade. O avião, ao tocar o solo, pilonou, isto é, a cauda levantou, e o bico, com a hélice, enterrou-se no chão. Bozena foi ejetada do avião e, com a queda, perdeu a consciência. Foi socorrida de imediato, e seu outro cunhado, dr. Zdenek Foustka, médico, examinou-a cuidadosamente, constatando uma lesão no esterno e o deslocamento de três vértebras. A solução era um prolongado descanso, torcendo para que se recuperasse sem nenhuma sequela.

Bozena foi para a casa do dr. Felix, e seus planos de conseguir a licença e participar de um encontro em Milão no mês de junho de 1911 foram por água abaixo. Uma revista em Praga aproveitou a ocasião para criticar a tentativa dela de voar, afirmando que a maior glória para uma senhorita de ilustre família seria o casamento, mas Bozena, assim que se recuperou, voltou a Bork acompanhada da irmã Marie. Lá encontrou algumas caras novas e passou a voar com o próprio Hans Grade. Com o calor fortíssimo, transferiu-se para as praias do aeródromo de Swinemuende, completando o restante do curso em setembro de 1911. Voltou para o aeródromo de Marte em Bork e dessa vez foi aprovada, obtendo a licença de número 125, entregue pelo Círculo da Aviação Alemã em 19 de outubro de 1911, com muito atraso. Nesse ínterim, seguiu para a Áustria e fez um voo sob a supervisão de Henrich Bier, campeão da Semana Austríaca, conseguindo receber em 10 de outubro (antes que na Alemanha) seu brevê internacional FAI de número 37. A Viena "oficial" suplantara a Berlim "oficial", e assim Bozena se tornou a primeira mulher tcheca a se brevetar.

Seu entusiasmado cunhado dr. Foustka negociou voos para Bozena se exibir em Praga e pelo interior do país. A primeira apresentação, em Kladno, foi adiada por duas vezes por causa do mau tempo, até que na terceira tentativa, depois de quinze dias, embora com vento sudeste pouco aconselhável, ela decolou diante de uma plateia de 10 mil pessoas. O vento forte não permitiu que executasse o programado; então, pousou em um campo arável. As rodas atolaram na lama, o que fez o avião pilonar como em Bork, só que dessa vez, por causa da experiência anterior, Bozena agarrou-se à estrutura do avião, evitando que fosse ejetada. Bateu o rosto no painel e cortou a testa. Embora sangrando, sorriu ao encontrar a multidão que se aproximava. Mais uma vez, ficou aos cuidados do dr. Foustka, o que não a impediu de participar, naquela noite, de uma festa em sua homenagem. Kladno tinha peças de reposição para facilitar o conserto, e Bozena procurou uma oficina especializada para a manutenção do avião.

Sabendo que na cidade de Pardubice estava a nata da aviação tcheca e uma cooperativa de aviação, Bozena escreveu ao engenheiro J. Kaspar pedindo um lugar no hangar e a admissão no círculo de pilotos. Recebeu uma carta com seu pedido atendido. Embora feliz com a resposta, Bozena percebia que o Reino da Boêmia não se desenvolvia no campo aeronáutico como a França e a Alemanha. Desempregada, precisava se mexer, mesmo porque fazer apresentações não era o que mais gostava, e seus sonhos em ganhar dinheiro com a aviação envolviam viagens pelo mundo. Voltou-se mais uma vez para a Alemanha, indo parar em Leipzig, onde estavam vários de seus conhecidos. Depois, mudou-se para Lindenthal e, por fim, Bork. Após procurar um avião ao qual melhor se adaptasse, acabou adquirindo um Grade, velho conhecido. Em Berlim para uma visita ao aeródromo de Johannisthal, encantou-se com a infraestrutura do local. Cercado por nove estradas, duas pistas de pouso e decolagem, serviços de primeiros socorros, correio, cantina e restaurante, hangares, estacionamento para balões, além de três tribunas para o público, era o mais bem equipado aeroporto até então. Escreveu para casa avisando que pretendia mudar-se para lá e também arrumar um avião mais potente para participar do Circuito Tcheco de Aviação nos dias 8 e 9 de setembro de 1912.

Em Johannisthal, conheceu um construtor com um semblante sério para a pouca idade. O jovem, de procedência holandesa, não era ninguém menos do que Fokker, tímido e em início de carreira. Fokker conseguira o brevê num avião de seu próprio projeto. Fez amizade com Bozena, levando-a como passageira, e ela, a essa altura, já pensava em usar um dos aviões com motor Argus de 100 HP para participar do Circuito Tcheco de Aviação. Fokker ofereceu-lhe sociedade e o posto de piloto chefe em sua firma, oferta que foi confirmada pelo instrutor e amigo Roever. A princípio, tudo isso parecia muito bom, tendo em vista que Fokker, além de se comunicar muito mal com o sexo oposto, subestimava as mulheres e seu valor como aviadoras, mas Bozena queria voar pelo mundo, ganhar muito dinheiro e não ficar limitada à Alemanha ou às portas de fábricas com voos testes ou demonstrações. Se esse foi o motivo, não se sabe, o fato é que a oferta de Fokker não encontrou eco nos anseios da aviadora tcheca.

Foi então que Augusto Tennies Luthje, procedente de Buenos Aires, Argentina, chegou à Alemanha procurando pela aviadora tcheca, com uma proposta que atendia seus desejos: excursionar pelas Américas fazendo demonstrações de voo e, claro, ganhando muito dinheiro. De posse do passaporte e com contrato assinado, Bozena embarcou para sua primeira aventura longe do continente europeu, no navio Kromprinzessin Cecilie, em Hamburgo, em 15 de abril de 1912, acompanhada da aviadora Kahntova (que tomou um rumo diferente de Bozena), do aviador Henrich Schupphaus e de um mecânico. O primeiro destino foi Cuba e, ao chegarem, no dia 3 de maio de 1912, Bozena foi logo recebida por jornalistas. Os planos eram de ficar em Cuba algumas semanas, cativar o público e abrir uma escola de aviação, para depois seguir. Acompanhada de outros membros da comitiva e dois representantes cubanos, concedeu audiência ao presidente da República, general Gomes, e, como convidada de honra do Clube Atlético de Havana, conheceu várias pessoas interessantes, dirigentes públicos e atletas. Depois de desembaraçar o avião na alfândega, ele foi exposto na avenida principal como chamariz. Como sempre, o preconceito estava a perseguir as aviadoras, e Bozena não escapou de um ácido comentário do jornal Diário de Cuba, segundo o qual as mulheres já nasciam dotadas de encanto e ternura, mas quando os usavam para mostrar coragem e ganhar dinheiro, isso ia contra a natureza – o que combinaria com a mulher, segundo o jornal, é ser amante.

Com ou sem críticas e preconceitos, a decolagem foi marcada para os dias 19 e 20 de maio, e os ingressos postos à venda, mas no dia 19 (como o clima é expresso na forma de previsão, não se tem certeza alguma de nada), o tempo fechou, impossibilitando os voos. No dia 20, apesar do tempo não ajudar, Bozena resolveu decolar mesmo assim. A turbulência e os ventos fortes impediram-na de voltar à pista, e ela viu-se obrigada a pousar distante. De repente, como todos nós sabemos, as coisas podem mudar de aspecto, e em Cuba os problemas começaram a surgir. Enquanto Bozena voava enfrentando o mau tempo, seu empresário argentino fugia num navio, levando o dinheiro arrecadado no evento. Como se isso não bastasse, iniciou-se em Cuba uma revolução civil. Por sorte, um empresário cubano, Luis Estrada, assumiu o compromisso de continuar os serviços do argentino e conseguiu tirá-los – Bozena, Schupphaus e o mecânico – da confusão cubana, levando-os ao Haiti, ex-colônia francesa, e em seguida para Santo Domingo, na República Dominicana.

As coisas não saíram como planejado, o dinheiro não entrava e as dívidas apareciam, e muitas vezes Estrada colocava alguma coisa do próprio bolso. Como se já não fossem suficientes os últimos acontecimentos, Schupphaus, ao pousar depois de um voo de demonstração, teve a pista invadida pelo público, e a hélice estourou o crânio de um menino de 10 anos. A multidão, enfurecida, destruiu o avião, e o incidente condenou Schupphaus a dois anos de prisão. Bozena fez de tudo para libertar o companheiro, mas não conseguiu. Escreveu carta à família pedindo ajuda e recebeu algum dinheiro e uma passagem para Hamburgo. Não queria voltar para casa tão cedo sem o sucesso almejado. Tão perto estava dos Estados Unidos, país com a fama de onde tudo acontece, que resolveu seguir para Nova York, sem o apoio de Estrada, que encerrou sua aventura.

Schupphaus estava preso em regime semiaberto, e o cônsul alemão e os alemães moradores no local aconselharam-no a fugir, embarcando com passaporte falso, conseguido pelo cônsul, no mesmo navio que Bozena. Seguiram para os Estados Unidos em 17 de agosto de 1912. Além de Estrada, perderam também o mecânico, que arrumou um ótimo emprego como mestre de máquinas na Marinha dominicana. No dia 24 de agosto de 1912, chegando ao porto de Nova York, Bozena logo descobriu que a América não era a tão propalada maravilha, onde os dólares caem do céu. Sem dinheiro, foi trabalhar durante alguns tempos como cozinheira. Schupphaus dirigiu-se à Filadélfia para a casa do irmão, que era *chef* de cozinha em um grande hotel, e convidou Bozena para ficar com eles. Ela, no entanto, não se sentindo à vontade, retornou a Nova York, mas dessa vez procurou se abrigar com a comunidade tcheca, e não mais com os alemães. Passou a fazer todo tipo de trabalho, desde escrever para o jornal tcheco até costurar num salão de senhoras. Finalmente, encontrou Romain Gressier, aviador e dono de empresa aérea que construía modelos franceses e era dono de uma escola de pilotagem no aeroporto Nassau Boulevard. Laglerová voltou a voar (embora não se saiba a data exata) e usou o biplano Gressier-Farman para tirar fotos aéreas. Gressier cedia aviões aos pilotos para que levassem o público desejoso de adrenalina, sem cobrar ingresso, a título de propaganda. Mesmo assim, não aguentou a concorrência americana e fechou as portas da empresa.

Segundo um manuscrito da própria Bozena, após Gressier fechar as portas, ela conseguiu com um agente um convite do Ministério da Marinha do Equador. Seguiu viagem no navio Trinidad, partindo de Nova York em

18 de outubro de 1912, para fazer apresentações de voo em Guaiaquil e Quito. Ao que tudo indica, ela foi, mas não há sequência nos relatos que nos diga como tudo terminou. Consta nos registros a volta para Hamburgo a bordo do navio Pennsylvania no dia 8 de maio de 1913.

Na primavera de 1914, um atentado em Sarajevo contra o arquiduque da Áustria, Ferdinando, deu início a um conflito entre o Império Austro--Húngaro e Sarajevo, que se transformaria na Primeira Guerra Mundial. Embora muitos lamentassem o uso do avião como arma de guerra, Bozena viu uma chance de ajudar e apresentou-se voluntariamente ao Imperial Exército Real, pedindo para ser destacada a um dos campos com serviço aéreo. As autoridades militares negaram o pedido: apenas homens eram aceitos. Ela insistiu e escreveu para a Alemanha pedindo para ser instrutora, mas novamente a resposta foi negativa – alegaram existir número suficiente de instrutores. Continuou insistindo e foi diretamente ao escritório do governo em Viena (do último imperador da Áustria-Hungria, rei Carlos I). Também ali foi negado o pedido.

Com o fim da Primeira Guerra Mundial e a queda da monarquia, uniram-se as terras tchecas e a nação eslovaca, formando a Tchecoslováquia, com constituição republicana. Houve, então, certo desenvolvimento no campo aeronáutico, com o nascimento de várias fábricas e companhias aéreas de transporte de cargas e passageiros. Em fevereiro de 1919, durante assembleia no sindicato dos pilotos tchecos, Bozena foi indicada ao comitê e foi solicitada no setor de cadastro. Casou-se em 24 de abril de 1919 com Josef Jan Peterka, militar do corpo da aviação executiva em Praga e especialista em aerofotogrametria. Tentando voar, lembrou-se de seu velho Grade e escreveu para Bork. Em resposta, recebeu congratulações pelo casamento e a notícia de que o avião ficara ultrapassado e, com as dificuldades da guerra, a fábrica mudara o foco para a construção de automóveis. Ela ficou amargamente decepcionada. Concorreu a um cargo de senadora em 1925, não foi eleita, e acabou ligada a uma poderosa organização nacional, a Masaryk (MLL), fundada em 1926, em apoio à aviação tchecoslovaca. Trabalhava na comissão de promoções presidida pelo escritor Tomas Panek, membro do comitê central da MLL. Nos anos de 1928-1931, foi a única mulher eleita para o comitê central da MLL, representando o Aeroclube RCS e publicando artigos nas revistas *Aviação* e *Pátria e Mundo*.

Bozena não teve filhos e, com o passar do tempo, sua saúde começou a deteriorar-se, fazendo com que perdesse a coloração e a sensibilidade dos lábios. Foi vista em público pela última vez em 16 de março de 1940, na cidade de Pardubice, para homenagear os trinta anos do primeiro voo do engenheiro Jan Kaspar. No dia 8 de outubro de 1941, faleceu em sua residência em Praga, vítima de complicações cardíacas, aos 54 anos.

Capítulo 7
BULGÁRIA

A Bulgária, historicamente, combatia os turcos otomanos havia séculos. Sua independência veio em abril de 1909, quando Raïna Kassabova tinha 13 anos. Insatisfeito, o país uniu-se a outros Estados, formando a Liga Balcânica, para combater os turcos. Em 1912, teve início a Primeira Guerra dos Bálcãs.

Ainda menina, dois anos mais tarde, Raïna tornou-se voluntária no corpo de enfermeiras e partiu para o *front*. Não foi a única guerra por que passou. Assistiu à Primeira Guerra Mundial também em 1914, na qual a Bulgária brigou para reaver seus territórios. Em 1918, o czar Fernando I abdicou em favor de seu filho Boris III, enquanto surgiam na Europa o nazismo e o fascismo. A Bulgária passou por uma depressão e por grande instabilidade política. Houve eleições e insurreições comunistas em 1920, mas o governo de extrema direita conseguiu manter-se no poder até novas eleições em 1931, quando o Bloco Popular venceu. Em 1927, mulher bonita, Raïna foi eleita miss Bulgária. Em 1934, o regime militar voltou, até o czar Boris III, um ano mais tarde, instituir o regime parlamentar. Estourou a Segunda Guerra Mundial em 1938, e Boris III se viu obrigado a entrar em favor do Eixo. O czar foi pressionado pelo clamor popular a não deportar para os campos de concentração os judeus búlgaros. Assim, Boris III ofereceu à Alemanha a justificativa de que precisava deles para construir ferrovias. A Bulgária passou para o lado dos Aliados após a invasão soviética de 1944. Em 1946, foi proclamada a República Popular da Bulgária, encerrando o período monárquico.

Raïna morreu em 1969 e não viu seu país livre do comunismo, o que só aconteceria vinte anos mais tarde, em 1989.

O voo da voluntária: Raïna Kassabova (1897-1969)
Raïna Kassabova nasceu na cidade de Karlovo, na Bulgária, em 1897. Sua história de vida difere da das outras aviadoras deste livro apenas no que diz respeito às façanhas executadas a bordo de aeronaves, mas é igual em coragem, postura e decisão, principalmente quando se tratava de enfrentar o preconceito masculino, e por isso vale a pena ser contada.

Criança bonita, de cabelos castanhos encaracolados e olhos azuis, mostrou desde cedo inteligência e esperteza. Seu pai, Vassil Kassabov, foi um rebelde que lutou pela libertação da Bulgária sob domínio otomano e permaneceu soldado. Raïna adorava conversar com o pai sobre lutas e interessava-se muito pela história da libertação. Procurou saber tudo sobre a vida de Vassil Levski, o maior revolucionário búlgaro, e quanto mais aprendia sobre a história, mais se orgulhava de seus pais, inclusive da mãe, que, abandonada quando criança, foi achada e criada pela tia de Vassil Levski, atuando como correio entre os revolucionários com apenas 8 anos.

A família mudou-se para Sófia, e Raïna chegou à adolescência apelidada por amigos e parentes de Sol por causa de sua beleza e charme, sendo ao mesmo tempo uma das alunas mais inteligentes da escola. A Bulgária passava por momentos difíceis, novamente em guerra contra os otomanos, pois a Macedônia, parte da Bulgária, ainda se encontrava sob domínio otomano. A Macedônia tinha criado um comitê revolucionário para libertação e contava com a ajuda dos búlgaros. As forças armadas começaram a receber voluntários para a libertação da Macedônia, e os irmãos de Raïna, Nicola e Roman, não demoraram a se inscrever. Raïna, a exemplo dos irmãos, inscreveu-se como voluntária no curso de enfermagem sem o conhecimento dos pais e, fingindo outra atividade, conseguiu cumprir as aulas e receber sua boina militar. Pouco depois, a Bulgária entrou em

Raïna Kassabova, c. 1912.

guerra. Quando partiram os soldados, os sinos de todas as igrejas de Sófia tocaram, na esperança de um resultado vitorioso.

A vida civil continuou, e um novo ano letivo começava, mas Raïna não voltou às aulas e seguiu como voluntária na guerra, partindo em um dos trens com os soldados para o campo de batalha, com apenas 15 anos de idade. Cinco milhões de búlgaros livres estavam imbuídos do espírito de libertar 1,5 milhão de macedônios, seus irmãos cristãos, e no dia 5 de outubro de 1912, é disparada a primeira bala, oficializando o início da guerra.

Os búlgaros obtiveram vitórias importantes, mas o encerramento da guerra dependia da conquista da cidade de Odrin, fortaleza milenar nunca antes conquistada. Muitos soldados caíram, e logo uma enfermeira se destacou por sua eficiência: Raïna Kassabova. Incansável, ajudava todos os feridos durante mais de doze horas por dia. Quando era preciso abastecer o posto médico com água, quem se encarregava do serviço era Raïna. A fonte era rodeada de soldados inimigos que atiravam sem aviso, e todos tinham medo de ir buscar água e ser atingido. Raïna não temia e ia quantas vezes fosse necessário. A tropa passou a admirá-la, e sua disposição e determinação ajudavam a manter o moral, fazendo com que os soldados quisessem se recuperar mais rápido para voltar ao combate.

A guerra continuou encarniçada, até que, perto da linha de batalha, foi construído um aeródromo para pouso dos aviões búlgaros. A ideia de um dos generais era usar o avião para obter informação sobre lugares fáceis e difíceis de atacar e sobre a localização do inimigo. A ideia se transformou em uma nova estratégia militar, e, sem desconfiar, os búlgaros, em 16 de outubro de 1912, realizaram o primeiro voo militar do mundo: foi a introdução do avião como arma de guerra. Os primeiros aviadores voluntários foram os tenentes Radul Milkov e Prodan Taraktchiev, que, a bordo de um Albatroz, sobrevoaram a fortaleza de Odrin, atirando bombas sobre os soldados turcos otomanos, que entravam em pânico e fugiam em qualquer direção. Esse voo teve a duração de 1 hora e 20 minutos, e todos os jornalistas europeus escreveram a respeito dele.

Começaram a chegar especialistas em aviação e construtores de vários países do mundo para presenciar e analisar o uso militar dos aviões. Em dois dias, foram abertas doze brechas na fortaleza de Odrin, e o tenente Taraktchiev, após abrir mais algumas, viu seu avião incendiar-se. Sem conseguir pousar, perdeu o controle e caiu, morrendo na queda.

Mesmo com a morte do tenente, os aviões fascinaram Raïna, que passou a participar de reuniões junto ao tenente Milkov para ouvi-lo falar do colega morto, de aeroportos militares na Bulgária e de sua própria vida, relatando voos e falando de instrutores na Alemanha, inclusive um russo. O tenente oferecia voos para jornalistas ingleses, soldados franceses e outros militares, com o objetivo de fazê-los entender e observar o uso militar do avião. Suas histórias eram muito interessantes, e todos gostavam de ouvi-las.

Em um desses encontros, Raïna, com seus belos olhos azuis, disse que queria voar. Todos se surpreenderam com aquela menina de 15 anos e não sabiam o que dizer. Milkov respondeu que, se ela tivesse coragem, poderia voar. Raïna retrucou na hora que tinha coragem, sim, e queria voar. Após pensar por um instante, o tenente acenou para que ela o acompanhasse. Ele então a apresentou aos aviadores Iliya Mladenov e Stefan Calinov (chamado de Príncipe Negro), que voavam o modelo francês Voisin. A missão agora era soltar papéis dentro e ao redor da fortaleza, propaganda que incitava os turcos otomanos à rendição sob a ameaça de mais bombardeios. Por causa do mau tempo, a maioria dos pilotos não quis decolar, mas o Voisin saiu do chão, levando Raïna que, agora a bordo, carregava em suas mãos os papéis a serem jogados. Após uma hora da decolagem, sem notícias do avião, o comandante do campo ordenou que outros aviões decolassem em busca do Voisin. Pouco tempo depois, surgiu o avião. Ao pousar, o comandante informou aos superiores que a missão fora cumprida, e Raïna se destacou por ter espalhado mais papel do que qualquer outro piloto até então. À noite, ao comemorar o sucesso da missão, Raïna, para ajudar a mãe doente, contou que os inimigos atiravam no avião de todos os lados, mas não sentiu medo, porque estava certa de que venceriam aquela "guerra sagrada". O que não percebera era que, daquele dia em diante, havia entrado para história como a primeira mulher do mundo a cumprir uma missão militar em avião, com o detalhe de ter apenas 15 anos.

A fortaleza de Odrin finalmente caiu, e o tenente Milkov escreveu em seu diário sobre a queda, destacando a felicidade de Raïna, que voltou ao posto médico e foi repreendida por seu superior, o dr. Velitchkov, por fazer o voo sem o comunicar. O trabalho incansável, no entanto, acabou por abatê-la, e Raïna adoeceu. Enquanto se recuperava, recebeu a notícia da morte de seus dois irmãos. A guerra estava no fim, Raïna voltou à vida civil e a adaptação aos novos tempos não foi fácil. Viveu com dificuldades, até que, aos 30 anos, ganhou o prêmio de mais bela mulher búlgara: miss Bulgária. Logo foi esquecida e acabou na miséria, fazendo roupas para vender e tendo dificuldades para se sustentar. Apesar de condecorada pelo czar Boris III por sua bravura e coragem, Raïna escreveu ao governo pedindo a pensão por mérito a que tinha direito e nunca recebera, mas suas cartas nunca foram respondidas. No dia 9 de setembro de 1944, perto do fim da Segunda Guerra Mundial, a Bulgária foi ocupada pelo Exército soviético e incluída no bloco comunista do Leste Europeu.

Os russos usavam como estratégia para manter os países sob controle e evitar rebeliões locais o reconhecimento e destaque de seus heróis, exaltando o patriotismo. Na Bulgária não foi diferente. O dia 16 de outubro foi proclamado como Dia da Aviação Búlgara, em homenagem à data de quando o avião foi usado como instrumento militar para atacar a fortaleza de Odrin, em 1912. Raïna Kassabova ficou famosa ao receber o título de heroína militar e passou a ser convidada para reuniões de organizações e escolas, nas quais dava palestras sobre suas experiências na guerra de Odrin. Todo ano, no Dia da Aviação, Raïna era convidada para ajudar na organização da festa nacional. Participou da criação do Museu da Aviação da Bulgária e, até o final da vida, esteve presente em eventos internacionais, nunca deixando de lutar pelos direitos das mulheres. Morreu em 1969, e no seu memorial em Sófia podemos ler a inscrição: "Raïna Vassileva Kassabova (1897-1969). A primeira mulher a realizar missão militar com avião no ano de 1912".

Capítulo 8
BRASIL

Quando do nascimento de nossas aviadoras, no início do século XX, o Brasil era uma república que ainda engatinhava. A adaptação ao novo regime tinha seus problemas, e elas viveram tempos nos quais ocorreram fatos como a Revolta da Chibata (1910), movimento dos marinheiros contra a pena da chibata por faltas graves; a Guerra do Contestado (1912-1916) nos estados de Paraná e Santa Catarina, em que caboclos se revoltaram contra o governo federal por causa da distribuição de terras; a Sedição de Juazeiro (1914), confronto entre as oligarquias cearenses e o governo federal pela interferência deste no coronelismo nordestino; e as greves operárias (1917-1919) por melhores condições de trabalho.

Em 1922, quando as primeiras aviadoras brasileiras receberam seus brevês, em São Paulo, a capital do Brasil era o Rio de Janeiro, no extinto estado da Guanabara, e o presidente em exercício era Epitácio Pessoa. Nessa época, aconteceu a Revolta de 18 do Forte, em que um movimento de militares do Exército insatisfeitos com a oligarquia no poder desejava ver o país no rumo de ideais mais democráticos. Aconteceu também em São Paulo a Semana de Arte Moderna, ou Semana de 22, com exposições de pinturas, esculturas, música e literatura, inaugurando o Modernismo no Brasil, que se tornou referência cultural no século XX.

Em 1930, Getúlio Vargas assumiu o poder, e o Brasil seguiu em ditadura até o final da Segunda Guerra Mundial, quando então se iniciou a República Nova e o país deu um salto desenvolvimentista. Com a chegada à América do Sul da onda comunista que tomou conta da Europa após a guerra, os militares de direita, para evitar a revolução, tomaram o poder em 1964, iniciando outra ditadura, que só terminaria em 1985, pouco antes de o comunismo ser enterrado definitivamente em 1989. No ano da morte de Ada Rogato e Tereza di Marzo, 1986, o país já voltava ao regime democrático. Anésia Pinheiro, que só veio a falecer em 1999, com quase 100 anos, pôde assistir vigorar a democracia.

As primeiras
No Brasil, temos uma peculiaridade: podemos considerar duas mulheres como primeiras pilotos brevetadas. Tereza di Marzo e Anésia Pinheiro Machado fizeram seu primeiro voo solo – o exame para tirar o brevê, no qual foram aprovadas – no mesmo dia, 17 de março de 1922. No entanto, a International Organization of Women Pilots especifica Tereza di Marzo como detentora do primeiro brevê. Tereza iniciou seus estudos em março de 1921, e Anésia em dezembro do mesmo ano. Tereza recebeu o brevê de número 76 da Federação Aeronáutica Internacional (FAI) em 8 de abril de 1922 e Anésia o de número 77 no dia 9 de abril de 1922. Até essas datas, o Departamento de Aviação Civil do Brasil (DAC) não tinha sido fundado, por isso os certificados eram emitidos por órgão internacional.

Tereza di Marzo (1903-1986)
Tereza di Marzo nasceu em 6 de agosto de 1903, na cidade de São Paulo, e cedo mostrou seu interesse pela aviação. De sua casa observava os aviões que vez por outra cruzavam seu pedaço de céu e, fascinada, decidiu que um dia iria pilotar uma daquelas máquinas. Filha de pais ricos, aos 18 anos resolveu realizar seu sonho. Precisou de muito tato para tratar do assunto, pois o pai era contra; queria vê-la casada e cuidando do lar. Com a conivência da mãe, acabou dobrando a vontade do pai e, obstinada, caminhava até o Aeródromo Brasil, no Jardim Paulista, para iniciar as

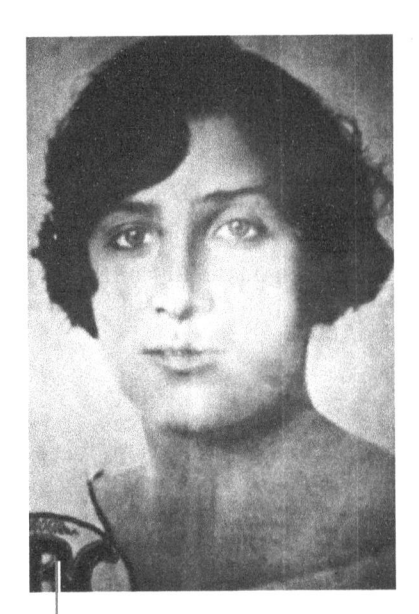

Tereza di Marzo na capa da revista ABC, ano III, n. 108, Lisboa, 20 de julho de 1922.

aulas de voo. Seus instrutores iniciais foram dois italianos veteranos da Primeira Guerra Mundial, Enrico e Giovanni Robba, e, por ser a primeira mulher a se apresentar para o curso, deram-lhe um desconto. Os dois, no entanto, ausentavam-se muito, e Tereza passou a ter aulas com Fritz Roesler, piloto alemão condecorado por bravura na Primeira Guerra Mundial e radicado no Brasil.

Com pouco mais de vinte horas de voo, habilitou-se com distinção sob o olhar dos examinadores do Aeroclube do Brasil e representantes da FAI, pilotando um Caudron G-3 de 120 HP de sua propriedade, após executar diversas manobras e pousar com perfeição na pista de 150 metros de comprimento por 60 metros de largura do aeroclube. Tereza tinha então 19 anos.

Com o título de primeira brasileira a se brevetar, passou a comparecer a almoços e jantares em sua homenagem e a participar de shows aéreos. Realizou um *ride* de São Paulo a Santos, integrando a esquadrilha que recebeu Gago Coutinho e Sacadura Cabral, os aviadores portugueses que atravessaram pela primeira vez o Atlântico Sul, comemorando também o Centenário da Independência do Brasil (ocorrida em 7 de setembro de 1822).

Tereza, em 1923, empreendeu a construção de um hangar no bairro do Ipiranga, em São Paulo, com ajuda de Fritz Roesler, depois de arrecadar dinheiro de shows aéreos e dos comissários de café na cidade de Santos. O Hangar Tereza di Marzo foi inaugurado junto com a Escola de Aviação

Ypiranga, mas não tiveram vida longa, sendo desativados pouco tempo depois. Com a revolução de 1924, em São Paulo, na qual o general Isidoro e vários tenentes lutaram para derrubar o então presidente do Brasil, Artur Bernardes (que governou de 1922 a 1926), ocorreu o confisco de aviões particulares, até porque manter as aeronaves tornou-se caro. Tereza pediu ajuda ao então presidente do estado de São Paulo (título do governador usado na época), Washington Luís, e numa frustrante resposta a seu apelo, apenas lê*:* "Não quero contribuir para seu suicídio".

A revolução é logo sufocada, e Tereza segue sua vida, até se casar com Fritz Roesler em 25 de setembro de 1926. Além das 329,54 horas anotadas em sua caderneta, Tereza realizou dezenas de horas não computadas antes do casamento. Em 1927, Roesler transfere a escola de pilotagem para o Campo de Marte, em São Paulo, ajuda a criar o Clube Politécnico de Planadores e, em 1931, junta-se a Orthon Hoover e Henrique Santos Dumont (irmão de Alberto Santos Dumont) para fundar a Empresa Aeronáutica Ypiranga, que inicialmente fabricava planadores e depois começou a desenvolver pequenos aviões. A fábrica foi vendida para Francisco Pignatari, dono da Companhia Aeronáutica Paulista, e o modelo desenvolvido por Roesler, o EAY-201 Ypiranga, deu origem ao CAP-4, o Paulistinha, excelente avião desenvolvido pelas indústrias Pignatari que fez história na vida dos aeroclubes e pilotos brasileiros.

Roesler, ainda em 1933, fez parte do grupo que criou a Viação Aérea São Paulo (Vasp), mais tarde estatizada. Tereza trabalhou em hangares, em oficinas e com topografia aérea, ganhando muita experiência em motores de aviões. Fritz Roesler não a teria conhecido, se admirado, se apaixonado e se casado se ela não fosse bater às portas do aeroclube em busca de realizar seu sonho. No entanto, após o casamento, não mais permitiu que ela voasse. Tereza conta: "Depois que nos casamos ele cortou-me as asas. Disse que bastava um aviador na família". Viveu um grande amor e, nos 45 anos que passaram juntos, não tiveram filhos.

Recebeu medalhas de Pioneira da Aviação em 1961 (Fundação Santos Dumont, São Paulo), Mérito Aeronáutico em 1976 (Ministério da Aeronáutica, São Paulo), Medalha de Ouro Santos Dumont em 1980 (Minas Gerais) e incontáveis títulos e homenagens.

Anésia Pinheiro Machado (1902-1999)

Anésia Pinheiro Machado nasceu na cidade de Itapetininga, interior do estado de São Paulo, em 5 de junho de 1902. Seu primeiro contato com aviões foi no dia 20 de setembro de 1920, quando chegou a Itapetininga Orthon Willian Hoover, piloto americano contratado pela Escola de Aviação Naval desde 1916 para montar três aerobotes adquiridos pela Marinha.

Quando ouviu o barulho do motor num voo rasante sobre a praça, Anésia correu. Ao chegar ao aeródromo, Orthon estava fazendo demonstrações e levando passageiros em voos panorâmicos num Curtis Oriolle de 150 HP. Ao observá-la tão atenta, convidou-a para o último voo do dia, já no pôr do sol. Esse foi seu batismo.

No ano seguinte, em 28 de maio de 1921, pousou no pátio da Escola de Farmácia, em Itapetininga, um Caudron G-3 – avião francês, cujo motor girava junto com a hélice – em pane de motor, comandado pelo capitão João Busse, da Força Policial do Paraná, que trasladava o avião de São Paulo a Curitiba. Anésia, ao encontrá-lo, contou sobre seu voo com Hoover e, após o conserto do motor, Busse convidou-a para o voo teste. Ao pousar, o capitão escreveu uma carta recomendando Anésia a seu amigo e diretor técnico da Escola de Aviação da Força Pública de São Paulo, aonde ela deveria ir se quisesse realmente voar. O capitão Busse, no entanto, não pôde acompanhar o sucesso de Anésia, pois morreu no dia seguinte, antes de chegar a Curitiba, em acidente com seu Caudron G-3.

Anésia seguiu para São Paulo e se apresentou ao tenente Antonio Reynaldo Gonçalves, que a preparou. No dia 17 de março de 1922, realizou seu voo solo diante da banca examinadora e, passando no exame, recebeu

***Anésia Pinheiro Machado** nos Estados Unidos.*

o brevê de número 77 no dia 9 de abril. Catorze dias depois, convidou a amiga Jeanne Caillet, francesa, dona de uma loja de tecidos importados, para fazer um voo. Por causa desse voo, Jeanne resolveu aprender a saltar de paraquedas e, instruída pelo mesmo tenente Reynaldo, saltou pela primeira vez em 1923, tornando-se a primeira mulher a saltar no Brasil.

Em 18 de maio de 1922, novamente com Jeanne a bordo, Anésia decolou do Aeroclube em seu conhecido Caudron G-3. O dia estava claro, mas depois de vinte minutos de subida, a temperatura caiu e suas mãos começaram a congelar. Jeanne emprestou suas luvas para que Anésia continuasse pilotando, e ela leva o Caudron ao teto máximo de serviço, onde a potência aplicada e os ajustes de mistura (ar/combustível) já não surtem efeito. Nesse ponto, iniciou a descida e, ao pousar no Aeroclube, foi recebida com aplausos. Acabava de bater o primeiro recorde feminino de altitude no Brasil, com a marca de 4.124 metros.

O Caudron G-3 estava mais para uma jaca voadora do que para avião. Biplano, o motor não tinha marcha lenta e tinha que ser cortado ao pousar. Taxiar era uma experiência pavorosa, já que exigia um ziguezague constante com a cauda arrastando no chão para atritar, pois não tinha freio nem bequilha. Não tinha *ailerons*: o movimento lateral dos manches entortava as pontas das asas, o que produzia o efeito desejado (de fazer curvas), desde que houvesse força na manobra. O motor girava junto com a hélice, e isso causava enjoo no passageiro da frente. Para evitar esse efeito, o motor foi envolvido por uma carenagem. Foi nessa jaca voadora que Anésia resolveu fazer o primeiro voo interestadual, saindo de São Paulo com destino ao Rio de Janeiro, percorrendo aproximadamente 400 quilômetros em comemoração ao Centenário da Independência do Brasil. O voo demorou quatro dias. Anésia planejou escalas e, em uma delas, na cidade de Cruzeiro, sofreu um incidente. Ao chegar, era aguardada por uma multidão, que tomava a pista estreita e espremida entre o rio Paraíba e a ferrovia. Deu três rasantes agitando o braço, para que o povo compreendesse que devia abrir espaço para o pouso. Veio voando baixo e, quando teve certeza de poder pousar, cortou o motor e pôs o avião no solo. Só que aquele tipo de motor custava a parar, e a hélice continuava girando como guilhotina. A multidão invadiu o pouco espaço de pista e correu para cercar o avião, que não tinha freios, fazendo com que Anésia usasse o pedal para desviá-lo. Mesmo assim, atingiu, com a asa direita, um senhor, que faleceu naquela mesma noite, na Santa Casa de Cruzeiro, não sem antes perguntar se a aviadora era bonita.

O Brasil acompanhava pelo rádio o reide (ou rota da viagem) de Anésia, que chegou a Cruzeiro com o avião avariado e problemas no motor. Dessa vez, Washington Luís, presidente do estado de São Paulo, enviou seu mecânico para auxiliar nos reparos do motor – talvez não tenha querido "contribuir com o suicídio" de Anésia (como disse à Tereza di Marzo). Anésia chegou corajosamente ao Rio de Janeiro com montantes de madeira quebrados, estais frouxos, e ainda atropelou, no pouso, um cupinzeiro oculto pelo mato, danificando a longarina da asa. O avião, batizado com o nome de Bandeirante, estava completamente desengonçado e quase ruindo, mas foi para a exposição do Centenário.

Na manhã do dia seguinte, Anésia encontrou-se pessoalmente com Alberto Santos Dumont, que lhe entregou uma carta e uma medalha por seu feito esportivo. Estamos em 9 de setembro de 1922. Após as comemorações, o avião foi entregue a um piloto para ser trasladado de volta a São Paulo, para o museu, mas por uma falha estrutural o avião cai, salvando-se o piloto com ferimentos graves. Washington Luís doa um Curtis JN-4, que fora da Força Pública do Estado de São Paulo, para que Anésia continuasse a voar. Em seu novo avião, ela colocou o prefixo com as iniciais de seu nome: A-PM. Pouco tempo depois de brevetada, enfrentou, como Tereza di Marzo, a Revolução Paulista de 1924, já mencionada. Anésia, no entanto, solidária aos companheiros aviadores, resolveu participar da sedição com seu A-PM, apenas como observadora da movimentação de tropas, de navios no porto de Santos e para fazer o lançamento de panfletos sobre os inimigos.

Os voos envolviam enormes riscos. Seu avião voltava sempre com furos de bala, mas ela nunca chegou a ser atingida. Por ser mulher, gerou ódio entre alguns e, ao terminar o movimento, 22 dias após o início, não imaginou que sofreria perseguição. Cumpriu as formalidades legais de depor nos inquéritos, mas a cada três ou quatro dias era presa para averiguações e mantida em cela coletiva sem banho e pouca alimentação. Em cinco dias era solta e, depois de outros três dias, presa novamente. O ciclo se repetia, e ela foi aconselhada por amigos e companheiros de imprensa a fugir. Decidiu-se pelo estado de Mato Grosso, de onde poderia chegar ao Paraguai e de lá ir para os Estados Unidos. Como era uma pessoa conhecida, não conseguiu manter o anonimato. Ao entrar em Mato Grosso pela cidade de Três Lagoas, foi reconhecida, e todo o Brasil ficou sabendo de seu paradeiro. No dia seguinte, a casa onde se hospedou foi cercada, e Anésia, detida.

Colocaram-na no trem de volta a São Paulo, mas seus amigos em Mato Grosso resolveram armar um esquema para libertá-la, pois havia um trecho da estrada de ferro, depois da cidade de Andradina, onde a composição diminuía a velocidade para passar por um gargalo apertado. Nesse trecho Anésia devia saltar, como planejado. Com um Ford Bigode dirigido por um amigo, escapou do Exército. Dessa vez, dirigiu-se ao Garimpo das Garças, local ermo, com leis próprias e muita gente bandida à procura de ouro no interior do Brasil. No acampamento, as pessoas perdem a identidade e não possuem passado – a exemplo do que acontece na Legião Estrangeira Francesa. Anésia foi bem acolhida e era protegida pelo pessoal do acampamento. Inesperadamente, chegou ao local seu mecânico Gino, depois de percorrer mais de 3 mil quilômetros para encontrá-la, não deixando de apanhar dos "companheiros de acampamento" até sua identidade ser provada. Gino trazia mensagem do advogado aconselhando seu retorno, pois seria julgada à revelia e o melhor era estar presente, caso contrário, seu caso podia piorar. Anésia pôs-se em marcha, enfrentando uma longa viagem de volta. Logo ao chegar, foi detida e permaneceu incomunicável por quase um ano sem nenhuma explicação.

Nunca foi a julgamento. Com repercussão nacional e atendendo ao pedido feito por jornalistas, o presidente do estado, Carlos de Campos, determinou a libertação de Anésia em 6 de agosto de 1925. Depois de solta, e deixando para trás as agruras que sofrera por ter sido fiel aos revolucionários paulistas, partiu em busca de reaver seu avião confiscado e doado à Marinha.

Aperfeiçoando-se sempre, Anésia tirou, em 1940, a licença de piloto comercial, e, em 1942, a de piloto instrutor. Em 1943, aos 39 anos, a convite do governo dos Estados Unidos, partiu para um curso avançado de aviação patrocinado pelo Office for Inter-American Affairs do Departamento de

Estado, com orientação técnica e supervisão da Federal Aviation Agency (FAA), então Civil Aviation Agency (CAA), no Standardization Center, em Houston, no Texas. Lá recebeu as licenças de piloto instrutor comercial e piloto de voo por instrumento. Após o curso, a convite da Pan American, fez em La Guardia, Nova York, mais dois meses de treinamento em voo por instrumento. Foi a primeira, e até hoje a única, aviadora brasileira distinguida com um convite do governo americano.

Em 1929, a conhecida aviadora americana Amelia Earhart, que desapareceria com seu avião no oceano Pacífico entre a Austrália e o Chile, convocou as mulheres pilotos americanas a comparecerem para a fundação de uma organização internacional de aviadoras. Apresentaram-se 99. Daí a origem do nome: The Ninety-Nines. Anésia foi convidada a entrar para o clube e em 1948 passou a ser membro das 99's. Sempre teve o desejo de abrir a rota do Pacífico para aviões monomotores e, em 1951, resolveu concretizar o velho sonho. Nenhuma mulher tinha nem mesmo tentado um voo pelas três Américas, e muito menos pela costa do Pacífico. Dessa vez, muito mais experiente e com vários cursos de aperfeiçoamento, fez seus cálculos e, ao anunciar sua intenção, a imprensa dos Estados Unidos deu grande divulgação ao fato. Adquiriu um Ryan Navion Super 260, monomotor monoplano de asa baixa com motor de 260 HP, hélice de passo variável e velocidade de cruzeiro em torno de 260 quilômetros por hora, com autonomia de 6 horas e 45 minutos. A Organização dos Estados Americanos (OEA) incumbiu-a de ser a portadora de uma mensagem específica de amizade a cada um dos países pelos quais passasse, transformando seu voo turístico no primeiro Good Will Flight da OEA. A Pan American ajudou no planejamento e nas facilidades de tráfego, cartas, rádio e logística. Obteve espontânea colaboração de todas as linhas aéreas que operavam desde o México até o Brasil, já que as informações eram difíceis de obter.

Decolou do aeroporto de Teterboro em Nova York em 27 de fevereiro de 1951, com destino ao Rio de Janeiro, aonde deveria chegar em 27 de abril. Assim visitou quinze países, fez 33 pousos para reabastecimento, percorreu 17.756 quilômetros e voou durante 82 horas e 25 minutos, participando de festas aviatórias, recepções, solenidades e dando entrevistas. Já no sul da América do Sul, após a travessia da cordilheira dos Andes pelo passo de Uspallata, encontrou em Mendoza, Argentina, mais de duzentos aviões civis argentinos e chilenos à sua espera para iniciar os festejos.

Em Santiago do Chile, houve muita relutância quando preencheu o plano de voo indicando a travessia dos Andes pelo passo do Aconcágua, passagem sabidamente perigosa em que nunca se sabe o tempo que se vai encontrar. Anésia assinou, antes de decolar, um documento em que declarava ter sido advertida dos riscos. A turbulência causada pelos fortes ventos frios do sul era inacreditável; por isso, colocou a máscara de oxigênio e subiu a 5.300 metros, altitude em que as condições de voo tornaram-se mais atraentes. Chamou o controle em Santiago e reportou o cruzamento do divisor de área com a temperatura externa acusando -30 °C. No dia 27 de abril, como previsto, chegou ao Rio de Janeiro.

Anésia foi casada durante 39 anos com Antonio Appel Neto, também aviador, que sempre a incentivou. Quando voavam juntos, ele nunca comandava a aeronave. Em 21 de setembro de 1954, na conferência da FAI, Anésia foi oficialmente reconhecida Decana da Aviação Mundial Feminina por ser a detentora do brevê mais antigo do mundo ainda em atividade, recebendo o diploma Paul Tissandier. Mas esta é apenas uma das várias homenagens e títulos recebidos ao longo de sua carreira como aviadora.

Condecorações militares estrangeiras
* Medalha da Aeronáutica. França.
* Cruz Peruana al Merito Aeronáutico – Grau de oficial. Força Aérea Peruana.
* Medalha do Ministério da Defesa. Paraguai.

Condecorações civis estrangeiras
* Orden al Merito "Bernard O'Higgins" – Grau de oficial. Chile, 1951.
* Orden Nacional del Merito – Grau de oficial. Paraguai, 1958.
* "Tiny Broadwick Award" – Ox 5 Club Of America. Organização internacional de antigos pilotos, 1966.
* Medalha "Amelia Earhart" – The Ninety-Nines (99's). Organização Internacional de Aviadoras, 1967.
* Grande colar da "Ordem Pioneira da Rosa dos Ventos" (Pionere Der Wind Rose) – International Committee Of Aerospace Activities. Alemanha, 1967.
* Medalha Cruz da Aviação. Força Aérea da Venezuela, 1976.
* Diploma "Silver Wings Fraternity". Eleita "Woman of the Year", 1978.

Condecorações militares brasileiras
* Medalha "Marechal Rondon". Sociedade Geográfica Brasileira, São Paulo.
* Medalha da Primavera "Couto de Magalhães". Sociedade Geográfica Brasileira, São Paulo.
* Medalha Cultural e Cívica "José Bonifácio". Sociedade de Heráldica e Medalhística, São Paulo.
* Medalha do Centenário "Patriarca José Bonifácio". Sociedade de Heráldica e Medalhística, São Paulo.
* Medalha "M.M.D.C." – Movimento Constitucionalista de São Paulo.
* Comenda Edward Warner Awards (fundador da International Civil Aviation Organization – Icao). Esta comenda é outorgada a personalidades de destaque na aviação civil internacional. 23 ou 24 de setembro de 1989.
* Medalha de Brasília. 1992.

Títulos
* Citação da Força Aérea dos Estados Unidos da América do Norte (Usaf). Março de 1972.
* Citação da "Air Force Association" – Associação da Força Aérea Americana (Afa). Março de 1972.
* Cidadã Carioca. Título outorgado pelo Decreto n. 13.591, de 20 de agosto de 1957. Câmara do Distrito Federal (hoje Estado do Rio de Janeiro).
* Cidadã Paulistana. Título outorgado pela Resolução n. 13, de 1958. Câmara Municipal da Cidade de São Paulo.
* Cidadã Honorária do Estado de Missouri (EUA). 6 de agosto de 1970.
* Cidadã Honorária de Salissaw, Oklahoma (EUA). 26 de julho de 1969.
* Cidadã Honorária de Keokuk, Iowa (EUA). 21 de julho de 1969.
* Cidadã Honorária de Baton Rouge, Louisiania (EUA). 10 de julho de 1971.
* Cidadã Honorária "Distinguished Honorary Citizen", Atchison, Kansas, 1978.

Em 1973, aos 69 anos, realizou seus últimos voos. Em 1998, então com 94 anos, foi homenageada pelo presidente Fernando Henrique Cardoso, pelo ministro da Aeronáutica Lélio Viana Lobo e pelo governador do estado de Minas Gerais Eduardo Azeredo com a inclusão de seu nome no Pavilhão dos Pioneiros da Aviação Brasileira.

Faleceu em 10 de maio do ano seguinte. Seu corpo foi cremado, e a urna contendo as cinzas, enviada para o Museu do Cabangu, na cidade de Santos Dumont, no estado de Minas Gerais.

Ada Rogato (1910-1986)
Ada Rogato nasceu na cidade de São Paulo em 22 de dezembro de 1910, no bairro do Cambuci. Filha dos imigrantes italianos Guglielmo Rogato e Maria

Ada Rogato no Aeroporto Santos Dumont ao lado de seu CAP-4, o Brasileirinho

Rosa Greco Rogato, foi mais uma brasileira apaixonada pela aviação e, pode-se dizer, a mais intrépida. Uma mulher muito especial que realizou feitos incríveis, considerando o equipamento usado no contexto. Foi o terceiro brevê feminino no Brasil emitido pela FAI, mas foi a primeira mulher a se brevetar em planador e também a primeira a obter licença de paraquedista. Aprendeu a voar planador com Fernando Lee, seu primeiro instrutor nos tempos do Clube Paulista de Planadores (CPP). Seu primeiro voo solo foi num Grunau Baby, pequeno planador alemão, *monoplace*, com cabine aberta e poucos recursos aerodinâmicos.

O voo em planadores desenvolve o sexto sentido e melhora o julgamento nas tomadas de decisão a bordo e na aproximação para pouso por ser um voo de precisão. Esse conhecimento foi muito útil a Ada em seus voos de CAP-4 Paulistinha e Cessna 140-A, os dois modelos que teve em sua vida. Recebeu o certificado de voo a vela em 15 de dezembro de 1935, noticiado até pelo jornal da colônia alemã *Deutsche Zeitung*. Um mês após, realizou seu primeiro voo solo em um biplano De Havilland Moth do Aeroclube de São Paulo, com 90 HP de potência e, com o mesmo avião, em 3 de maio de 1936 realizou os exames e recebeu o brevê. Solou um variado número de aviões, como: Waco, Stinson, Curtis, Muniz, HL-6, Bücker Jungmann, Piper J-3, CAP-4 Paulistinha, Fairchild PT-19 e até o IPT-10 Bichinho, avião brasileiro projetado por Frederico Brotero e Orthon Hoover em 1940.

Em 1941, Ada conseguiu o brevê de paraquedista número 1 nos registros do Departamento de Aviação Civil, o DAC. Em 1942, realizou um salto noturno com cinco outros paraquedistas do Aeroclube de São Paulo às 22h30 sobre a baía de Guanabara, no Rio de Janeiro, que a tornou famosa. O grupo, ao saltar, carregou luzes de posição para, durante a queda, ser acompanhado pela população.

Ada foi campeã paulista e brasileira de paraquedismo, tendo realizado 105 saltos, vários dos quais em países vizinhos. Foi a primeira mulher a saltar no Paraguai e no Chile.

Adepta incondicional da aviação esportiva, passou a divulgá-la, participando de eventos na capital e nos novos aeroclubes do interior, saltando de paraquedas e realizando acrobacias, aprendidas com precisão em um Bücker Jungmann. Em um dos eventos, em São Paulo, em que o objetivo da prova era o pouso de precisão, Ada desligou o motor do primeiro avião, um Paulistinha CAP-4 (de nome Brasileirinho) a 500 metros da cabeceira da pista. Planando sem fazer nenhuma manobra de correção, pousou nos primeiros 150 metros de pista, levando a taça Brigadeiro Trompowsky para casa, à frente de muitos pilotos experimentados.

Em março de 1942, durante a Segunda Guerra Mundial (1939-1945), Ada se inscreveu como voluntária na Base Aérea de São Paulo para ajudar no patrulhamento do litoral de São Paulo, estado com o maior centro industrial da América do Sul e cujo porto de maior movimento ficava na cidade de Santos, onde a navegação costeira era ameaçada por submarinos alemães. Voando num Stinson-105, colaborou realizando 213 missões entre 30 de junho de 1942 e 10 de maio de 1945.

Ada, além de aviadora, era formada em datilografia e trabalhava no serviço público estadual, no Instituto Biológico, fundado em 1927 para estudar as doenças que atacavam os cafezais brasileiros. Em 1948, o Brasil era grande produtor e exportador de café e sofria em suas plantações o ataque de uma praga conhecida como broca-do-café. A aviação agrícola (como é chamada nos dias de hoje) já existia no mundo. Rússia, Estados Unidos e mesmo nosso vizinho Uruguai utilizavam aviões modificados para o polvilhamento aéreo das plantações. No Brasil, o processo estava prestes a se iniciar, e Ada, já contando 1.200 horas de voo em sua caderneta, aceitou o desafio de combater a broca-do-café com avião. Esse trabalho inédito a transformou em pioneira do polvilhamento aéreo, a primeira piloto agrícola do Brasil. Durante a primeira série dos experimentos com o BHC, Ada, em um voo sobre plantações no interior do estado, deparou-se com fios telefônicos e não conseguiu desviar. O avião caiu (foi o único acidente em toda sua vida de piloto), e os ferimentos que sofreu a mantiveram na cama por trinta dias. Feriu-se na cabeça, quebrou uma perna e os dentes da frente, levando vários meses para se recuperar.

Assim como Antoine de Saint-Exupéry, Ada voava sozinha, ganhando por isso o apelido de Gaivota Solitária. Licenciada de seu trabalho no Instituto Biológico, Ada escolheu como primeiro reide ir a Santiago do Chile, cruzando a cordilheira dos Andes. Partiu no CAP-4 Paulistinha (modelo entelado com asa alta e motor de 65 HP), o Brasileirinho, rumo a Santiago do Chile no dia 28 de janeiro de 1950, sem festa nem folguedo. Sem ajuda financeira oficial ou outra de qualquer espécie, voou em etapas de no máximo 360 quilômetros. Já pelo meio da Argentina, um vento fortíssimo a obrigou a pôr o avião no chão. Desceu em voo tenso, tendo a sorte do terreno abaixo não ser montanhoso nem acidentado. Ao pousar, saiu do avião e com as mãos agarradas ao montante segurou-o, para evitar que o vento o derrubasse. Após quatro horas nessa luta, já muito cansada, surgiu um homem a cavalo que a ajudou e a substituiu, segurando as asas do avião, para seu alívio. Cessada a tempestade, Ada decolou e seguiu viagem.

O teto de serviço do Paulistinha era de 3.500 metros, e ela escolheu um local apropriado para a travessia. Cruzou a cordilheira dos Andes entre Bariloche e Puyehue, a 2.200 metros de altitude, com ventos de proa de até 80 km/h. A imprensa a recebeu com várias autoridades aeronáuticas chilenas, destacando sua coragem pelo fato de seu avião não ter rádio, nem equipamento de voo por instrumento. Além das homenagens recebidas, fez uma palestra sobre volovelismo no recém-fundado Clube de Planadores de Santiago e uma demonstração saltando de paraquedas. Na viagem de volta, escolheu outro ponto para cruzar a cordilheira e saiu cedo, para evitar turbulência produzida pelas correntes de ar aquecidas pelo calor do sol. Atravessou a 3.300 metros (quase no teto de serviço do avião) de Curacautin, no Chile, para Las Lajas, na Argentina, em duas horas de voo. Num total de 11.691 quilômetros em 116 horas de voo, Ada passou por 47 cidades brasileiras, argentinas, chilenas e uruguaias, onde o reide teve grande repercussão. Ao chegar, o avião foi desmontado e exposto ao público no centro de São Paulo.

Com o apoio oficial do DAC e de empresas aéreas como Vasp e Aerovias Brasil, foi feita uma reunião internacional de pilotos reunindo uruguaios e argentinos na cidade de Águas de São Pedro, no interior de São Paulo, onde se juntaram 286 aviões de turismo, um helicóptero, dois Douglas DC-3 e quatro Beechcraft. Na sessão solene de abertura da revoada, o então ministro da Aeronáutica, brigadeiro Armando Trompowsky de Almeida, leu o decreto presidencial que doava a Ada Rogato um Cessna 140-A, batizado de Brasil, com motor de 90 HP, prefixo PT-ADV. O modelo era inteiramente metálico, tinha tanques especiais que elevavam a capacidade de combustível para 160 litros, dando à aeronave sete horas de autonomia, podendo voar até 1.200 quilômetros sem abastecimento e com velocidade de 160 km/h, mas sem instrumentos para voo cego, nem rádio de longo alcance. Nesse mesmo dia, Ada também recebeu condecoração da Ordem do Mérito Aeronáutico. Foi a primeira piloto brasileira a cruzar a cordilheira dos Andes.

Já no ano de 1951, no mesmo mês de abril em que Anésia Pinheiro Machado chegou ao Rio de Janeiro proveniente dos Estados Unidos, de seu Voo da Amizade, Ada Rogato viajou com seu Cessna 140-A para realizar o que chamou de Circuito das Três Américas. Decolou do Aeroporto Santos Dumont, no Rio de Janeiro, e seguiu para o Paraguai e a Argentina, cruzando os Andes pela terceira vez, entre Mendonza (Argentina) e Santiago do Chile, a 5 mil metros de altitude, teto de serviço do Cessna, e com muito frio, pois o pequeno avião só possuía um sistema de aquecimento precário em que o ar quente do motor era desviado para a cabine, que o mantinha igual a uma geladeira nas condições climáticas andinas. Subindo pela costa do Pacífico, Ada foi até o Alasca, avançando até o círculo polar Ártico.

Em San Diego, nos Estados Unidos, foi recebida e hospedada pelas Ninety-Nines (99's), que convidaram Ada a tornar-se membro da entidade. O retorno foi feito pela costa leste dos Estados Unidos e, ao pousar no aeroporto de Washington, ela foi recebida pelo embaixador brasileiro, um representante do Departamento de Estado americano, o presidente da associação aeronáutica dos Estados Unidos, o diretor do aeroporto e Jean Ross Howard, representante internacional das 99's, a qual promoveu uma recepção. Continuou a volta e, nas Antilhas, foi obrigada a fazer um pouso forçado para fugir de um furacão. Ao entrar na América do Sul pela Venezuela, recebeu em Caracas outras homenagens e, em sua partida, os aviões da Força Aérea Venezuelana acompanharam-na até que cruzasse a fronteira com as Guianas. Entrou no Brasil pelo Amapá e desceu a costa leste até a chegada ao Rio de Janeiro em 13 de novembro de 1951. Na altura de Saquarema, Rio, foi recebida no ar por vários aviões civis e pela Força Aérea Brasileira (FAB), que a escoltaram. Trazia pintados na cauda e na fuselagem do avião autógrafos e bandeiras de 28 países. Visitara 58 cidades num total de 364 horas de voo e um percurso de 51.064 quilômetros, o mais longo reide efetuado por uma aviadora solitária no mundo até aquela data. Um feito incrível e de muita coragem.

Em 1952, Ada partiu em mais um reide. Resolveu levar o Cessna de São Paulo ao mais alto aeroporto do mundo, na Bolívia, o aeroporto de El Alto, em La Paz, com 4.071 metros de altitude. Considerando o equipamento, extremamente limitado e sem rádio, o voo, além de inédito, ficou marcado na história da aviação boliviana. O professor de física Corsini, do Instituto de Pesquisa Tecnológica (IPT), ajudou-a a realizar esse feito. Amigo de Ada, fez algumas modificações no Cessna que possibilitaram ao modelo ganhar mais altitude para manobrar e poder pousar em La Paz. Ada retirou alguns itens do avião para que ficasse mais leve, inclusive a bateria, o que a obrigava, para dar a partida, a girar a hélice com as mãos. Aliviou 20 quilos e não saiu com os tanques cheios, apenas com a gasolina necessária.

Pela altitude do aeroporto, o ar se torna rarefeito, diminuindo a potência do motor de 90 HP em 10% a cada mil metros, que o deixava, ao atingir o objetivo, com 50 HP. Como Ada conseguiu chegar e pousar com o Cessna 140-A em El Alto apesar das modificações, só ela sabe. Sua experiência como piloto de planadores foi essencial na viagem. Conseguia identificar as correntes de ar e subia com o auxílio das térmicas. O fato é que trouxe na bagagem mais um título, o de primeiro piloto civil, homem ou mulher, a pousar naquela altitude com um avião de tão baixa potência e mínima envergadura, recebendo do então presidente da Bolívia, Victor Paz Estenssoro, a Ordem Nacional de Condor de Los Andes, a mais alta condecoração boliviana a um civil; as Asas da Força Aérea Boliviana e o brevê de piloto civil boliviano. O povo local achava difícil acreditar que um avião tão pequeno pudesse ter chegado até lá. O pessoal do aeroclube levou o avião e o deixou em exposição por dois dias na praça da cidade. Em 27 de junho, Ada partiu de volta ao Brasil. Nesse reide, passou por 14 cidades e chegou a São Paulo em 13 de julho de 1952.

Em 1956, perto de seus 46 anos, Ada foi convidada a fazer parte da comissão organizadora das comemorações do cinquentenário do primeiro voo do 14-Bis, do brasileiro Alberto Santos Dumont, realizado em Paris em 1906. Sua sugestão foi um reide por todo o território brasileiro para homenagear e divulgar os feitos de Santos Dumont. Com o Cessna de apenas dois lugares, dessa vez com rádio, percorreu o Brasil levando como primeira passageira uma imagem de Nossa Senhora Aparecida, padroeira do Brasil, a pedido das autoridades eclesiásticas. O roteiro acabou não se restringindo às capitais dos estados brasileiros, e Ada estendeu os voos a locais perdidos no interior, sobrevoando trechos quase inexplorados do Centro-Oeste brasileiro e descendo em pistas abertas no meio da mata e aldeias indígenas. Novamente seu pioneirismo foi posto à prova e, dessa vez, confere-lhe o título de primeiro piloto, homem ou mulher, a sobrevoar a selva amazônica, incluindo a até hoje temerosa rota Xingu-Cachimbo-Jacareacanga-Santarém, na qual um acidente seria fatal, mesmo que o piloto sobrevivesse à queda, devido às dificuldades de acesso. Nessa missão, até o retorno à São Paulo, percorreu 25.057 quilômetros, passando por 64 cidades brasileiras em 163 horas, pousando em pistas construídas de modo precário (algumas feitas só para recebê-la), em meio ao cerrado e à selva. Tudo isso em companhia de Nossa Senhora. Inaugurou, em meio à aventura, uma pista de pouso de 450 metros de comprimento feita pelos índios Xavante em Santa Terezinha do Rio das Mortes, batizada com seu nome.

Quase quatro anos mais tarde, no mês de março de 1960, Ada realizou outra de suas viagens pioneiras, já aos 50 anos. Saiu de Piracicaba, no interior paulista, com destino a Ushuaia, cidade mais austral do mundo, no extremo sul da Patagônia, nos confins da Terra do Fogo. Foi a primeira mulher aviadora a fazê-lo. Nessa viagem, enfrentou ventos com velocidade de até 100 km/h durante dez horas de voo, a uma temperatura de -3 °C, tendo que fazer correções de até 45 graus na bússola para se manter na rota, rezando para o carburador do avião não congelar. Pela primeira vez na vida, teve uma pane de motor. O virabrequim partiu-se, mas de uma forma que não travou o motor de imediato, dando a ela tempo para encontrar um local de pouso e pôr-se a salvo. Ao pousar em Piracicaba em 9 de junho, 52 dias após partir, Ada havia voado 12.800 quilômetros em 82 horas e 43 minutos, passado por 32 cidades, entre brasileiras, argentinas e chilenas. A essa altura, era a única aviadora a ter voado desde o círculo polar Ártico, no Alasca, até o extremo

Avião Cessna C-140A.

sul do continente sul-americano, perfazendo mais de 110 mil quilômetros sobre as três Américas e cruzando por onze vezes a cordilheira dos Andes, sempre sozinha. Esse foi seu último reide. Seu fiel companheiro brasileiro, o Cessna 140-A, já estava cansado, e Ada o doou para o recém-criado Museu da Aeronáutica. Não recebeu outro de presente e, como não tinha condições de comprar um avião mais moderno, não pôde continuar voando. Acabou sendo convidada a dirigir e tomar conta do museu.

Ada Rogato nunca se casou e detém inúmeras homenagens e condecorações, tais como:

Condecorações militares brasileiras
* Ordem do Mérito Militar
* Ordem do Mérito Naval
* Ordem do Mérito Aeronáutico
* Medalha do Pacificador

* Medalha do Mérito Santos Dumont
* Medalha Tamandaré (Marinha)

Condecorações militares estrangeiras
* Ordem Condor dos Andes (Bolívia)
* Medalha Bernardo O'Higgins (Chile)

Condecoração civil estrangeira
* Diploma Paul Tissandier por méritos na aviação (FAI, França)

Faleceu em 15 de novembro (dia da Proclamação da República no Brasil em 1889) de 1986, vítima de câncer, que, acreditam os médicos, pode ter se originado com o acidente que sofreu na época em que fez as pulverizações, pelo contato com o inseticida BHC. Deixou uma rica e admirável experiência de vida e voos, registrada na história da aviação brasileira.

Capítulo 9
JAPÃO

Em fins do século XIX, o Japão tinha se desenvolvido muito industrialmente por causa da aproximação com o Ocidente. Os japoneses perceberam as diferenças entre o Japão feudal dos xóguns e a Europa, e isso fez com que mudassem muitos de seus hábitos tradicionais em nome do desenvolvimento econômico e social. O Japão, em 1900, quando nasceu Tadashi Hyodo, encontrava-se no período Meiji e, nesse ano específico, lutava contra a China na Guerra dos Boxers, ao lado de Inglaterra, França, Alemanha e Rússia. Pouco depois, em 1904, entrou em guerra com a Rússia, na tentativa de diminuir a influência desse país na região, e venceu. Com isso, sentiu-se à vontade para anexar a Coreia em 1910. Em 1914, participou da Primeira Guerra Mundial ao lado da Inglaterra, contra a Alemanha, e ao final da guerra tomou posse das antigas colônias alemãs na Ásia.

No ano de 1922, quando Hyodo recebeu seu brevê, o Japão se retirou de uma intervenção feita na Sibéria dois anos antes. Em 1925, o país deu mais um passo rumo à democracia e estabeleceu o sufrágio universal masculino, o que fez o número de eleitores subir de 3 milhões para 12 milhões. Já em 1937 o Japão invadiu a China, criando um Estado fantoche na Manchúria. Com o início da Segunda Guerra Mundial, precisando de matéria-prima, assinou um pacto tripartite com Alemanha e Itália, já que os americanos, antigos fornecedores, impuseram um embargo ao país. Com o fim da Segunda Guerra Mundial, o Japão perdeu seus territórios na China e na Coreia.

Assim terminava o período Meiji e tinha início o Showa, com o imperador Hirohito e suas grandes reformas democráticas, levando ao fim do *status* do imperador como um deus vivo e a transformação do Japão em uma democracia com uma monarquia constitucional. Esse período é também considerado como o do "milagre econômico" japonês e termina em 1989, nove anos após a morte de Hyodo, em 1980.

Tadashi Hyodo (1899-1980)
Tadashi Hyodo nasceu em 6 de abril de 1889, numa família de agricultores na aldeia Higashi Nakamura, província de Ehime. Caçula da casa, com duas irmãs, aos 11 anos perdeu o pai, e a irmã mais velha, Kazue, passou a sustentar a casa e cuidar de Tadashi. A irmã trabalhava como pedreira e com o bom salário pagou seus estudos. Tadashi era inteligente, formou-se no ginásio e ingressou no colégio da cidade de Matsuyama, indo morar com um tio até completar os estudos.

O sonho do pai era construir um avião e voar igual a um pássaro. A mãe pediu que parasse com aquelas ideias, porque as pessoas iriam dizer que ele era louco. Quando soube do voo realizado pelos irmãos Wright, entrou em depressão: queria ser ele o primeiro homem a voar. Queimou quase todos os desenhos, mas continuava afirmando que iria voar com um avião feito por ele. Infelizmente, morreu de derrame e o sonho ficou no papel.

Tadashi pensou no pai, que vivera em uma aldeia tão pequena, com um sonho tão grande, e imaginou como deveria ser voar. Daí em diante, esse passou a ser seu sonho também. Não queria ter filhos, envelhecer e morrer na mesma aldeia. Sem falar a ninguém, voltou ao colégio e começou a pesquisar sobre aviões. Dois anos depois se formou, e o diretor a aconselhou a fazer uma faculdade. A mãe e Kazue perguntaram a Tadashi o que queria da vida, afinal. Não escapando do escrutínio familiar, resolveu se abrir e confessar que desejava ser aviadora. Enxergava o futuro da aviação: embora os aviões só fossem usados para demonstrações e acrobacias, não tardariam a ser utilizados no transporte de cargas e passageiros, e ela queria ir a Tóquio para voar. As irmãs se desentenderam: Kazue deixou claro o esforço que fez trabalhando duro para que Tadashi se formasse, e a mãe não a permitiu.

Do dia seguinte em diante, Kazue passou a levar Tadashi para o trabalho. Com o passar dos dias, as mãos de Tadashi não se abriam mais de tanta dor. Ao fim de três meses, a outra irmã, Yuzuru, com quem sempre trocava confidências, percebendo a tristeza de Tadashi, puxou-a para uma conversa. Tadashi reafirmou seu desejo de ser aviadora e que sua vida ali não tinha sentido. Yuzuru pegou suas economias e, sem pedirem permissão a ninguém, partiram para Tóquio, deixando apenas um recado para a mãe e Kazue. Após três meses em Tóquio, fazendo bicos, o dinheiro acabou e não conseguiram nenhuma informação sobre aviões ou escolas. Voltaram envergonhadas para casa, e foram recebidas com uma enorme bronca.

Uma conhecida de Yuzuru ficou sabendo o motivo pelo qual as duas haviam sumido e ofereceu a Tadashi uma revista pertencente a seu filho, a *Hikoukai*. Na publicação, Tadashi encontrou tudo o que precisava saber sobre aviões, inclusive a oferta de uma escola que, por 200 ienes, ensinava a pilotar.

Em 3 de janeiro de 1919, as duas partiram para Osaka, agora com a aprovação da mãe, para trabalhar e juntar o dinheiro necessário para os voos. Mais uma vez, Kazue ajudou a irmã. Como amante do chefe, disse precisar de 2 mil ienes. Mandou o dinheiro para Tadashi com o seguinte recado: "Torne-se uma boa aviadora". O dinheiro não era só para o curso, mas também para despesas de moradia e alimentação. De Osaka para Tóquio, Tadashi seguiu diretamente ao endereço do advogado Kazuo Tomita, um amigo de Kazue, indicado para orientá-la e levá-la à escola. Ele escutou toda a história, ouviu o desejo de voar de Tadashi e respondeu calmamente que mulheres não poderiam voar. Tadashi já estava cansada de ouvir isso e, da mesma forma, respondeu que não havia problema, ela não queria atrapalhar;

se ele não quisesse ajudá-la, encontraria outro que o faria. Tomita sentiu a firmeza de Tadashi e mudou de ideia.

Em 3 de setembro de 1918, um tufão acabara com a escola e destruíra seu avião. No intuito de reconstruí-la e comprar um novo avião, estavam dando aulas para dirigir automóveis. Indignados, Tomita e Tadashi saíram do local advertindo sobre os problemas que poderiam enfrentar na justiça por anunciarem em revistas uma escola que não mais existia. Foram para outra, mas a resposta era sempre a mesma: mulheres não conseguem voar. Tomita descobriu então a escola Ito Hikouki Kenkuyajo (Instituto de Aviação Ito), na cidade de Tsuda, inaugurada em janeiro de 1915. Ele descobriu também que o dono de uma pensão, parente de Onjiro (proprietário da escola), já havia montado cinco aviões, e resolveu levar Tadashi para conversar com ele. A essa altura, Tomita simpatizava com a causa de Tadashi e fazia de tudo para ajudá-la.

A conversa com Toyokichi, dono da pensão, foi calma e tranquila. Ao terminar, ele disse: "Você é mulher, mas é bem decidida, parabéns". Foi a primeira vez que ela não ouviu que mulheres não poderiam voar. Juntos, foram até a escola conversar com Onjiro, que se dispôs a aceitá-la sob a condição de que tivesse um fiador. Dizendo-se parente de Tadashi, Tomita se apresentou, e, assim, depois de muita luta, o início das aulas foi marcado.

No primeiro dia, Tadashi é apresentada a seu instrutor, Toyotaro Yamanaga, de 21 anos, piloto desde os 16. A primeira pergunta do instrutor foi: "Sabe como o pessoal chama o avião? Como? Sabonete de pedra. Por quê? Cai muito!". E caiu na risada, o que ajudou a descontraí-la. Toyotaro continua a aula: "Pode haver dois tipos de acidente, o primeiro por causa do tempo, quando ventos fortes derrubam o avião, e o segundo por problemas mecânicos, por isso se checa sempre o avião". O professor deixou claro que a maioria dos acidentes era fatal, e que ela deveria ter consciência desse fato como aviadora. Embora Tadashi tivesse estudado muito a publicação que recebera emprestada, Toyotaro lhe diz que, na prática, as coisas eram diferentes da teoria, e que voar não era barato, por isso, quem não fosse rico não terminaria o curso, e ela deveria ter atenção redobrada e aproveitar as aulas com energia.

A escola já possuía um método de ensino organizado. Primeiro os alunos treinavam taxiar utilizando um modelo com motor Franklin, de 16 cavalos, um avião que não era feito para voar, pois seu motor não tinha força para tirá-lo do chão e mantê-lo voando. O objetivo era o aluno se habituar ao aparelho e realizar as manobras no solo. O segundo estágio era feito com um modelo com motor Hino, de 30 cavalos, que conseguia tirar o avião do chão, mas não tinha força suficiente para um voo completo. O avião dava pulinhos, decolando e pousando, decolando e pousando. Depois disso é que os alunos chegavam ao terceiro estágio e passavam a treinar com o Curtiss Emi-25, de 90 cavalos, em voos completos.

Depois de um mês de treinamento, apareceu na escola um repórter do jornal *Asahi*, que se impressionou ao encontrar uma mulher fazendo o curso. Viu logo a oportunidade de escrever uma matéria de sucesso sobre Tadashi, mas precisava da autorização de Onjiro para algumas fotos. Onjiro não permitiu as fotos, até porque Tadashi ainda não era aviadora, mas permitiu a reportagem, olhando pelo lado propagandístico. Novos alunos iriam aparecer, e isso era bom.

Depois de seis meses, chegara a hora de Tadashi passar ao segundo estágio. Um fato inusitado, então, aconteceu: o avião com 30 cavalos, feito para dar pulinhos, voou a uma altura de 7 metros, pelo simples fato de que era feito para pessoas com o mínimo de 60 quilos, e Tadashi tinha apenas 40. Assustada no começo, porque aquilo não era para acontecer, não entrou em pânico. Foi baixando devagar, mas próximo do solo puxou o manche para trás com medo do impacto, e o avião levantou o nariz, perdeu sustentação e estolou, batendo no chão primeiro com a cauda. Correram todos a socorrê--la. Torceu um pouco os pés e as mãos. Os alunos riram dela por pousar de bunda, mas isso não foi nada engraçado e custou-lhe caro o conserto do avião.

Tadashi não achava justo pagar pelo conserto de um avião que diziam não voar e achou muito inseguro estar sozinha sem um instrutor. Esse foi o ponto discutido com Onjiro, que concordou e passou, dali em diante, a colocar o instrutor a bordo. Um mês depois do acidente, ela já estava treinando com um Hall Scott, de 80 cavalos, junto com o instrutor, Yuukichi Goto. Tadashi já sabia voar quando aconteceu do motor parar. Yuukichi assumiu os controles e manobrou de forma que o pouso fosse no mar. Ninguém se machucou e, dessa vez, Tadashi não precisou se preocupar com o conserto do avião.

No dia 29 de agosto de 1920, o instrutor Yamagata foi cedo testar o avião. No terceiro *looping*, a asa esquerda fechou e Yamagata desceu em parafuso, morrendo na queda. O fato abalou muito a escola, que ficou inativa por um tempo. Nesse ínterim, Tadashi começou a pensar em ter seu próprio avião. Foi conversar com Onjiro e teve a notícia de um motor novinho à venda por 5 mil ienes. Nessa época, era possível primeiro comprar o motor, peça principal e mais cara, e depois o restante, parte a parte. Tadashi não tinha todo o dinheiro para comprar o motor e resolveu passar o chapéu. Foi procurar Tomita, que contribuiu com 1.500 ienes. Onjiro completou o que faltava e, assim, o motor francês, LeRhone, de 120 cavalos, agora era seu.

Depois de tempos na escola, muito dinheiro e treinamento, em 5 de outubro de 1921, Tadashi fez seu último voo como aluna. Dois meses depois, foi festejada sua formatura, e lá estava o repórter que não deixou de publicar o fato. No dia seguinte, foi realizado o exame para conseguir a licença de aviadora terceira classe. Havia três tipos de testes, e Tadashi escolhera um em que se desliga o motor a 500 metros e vem-se para pouso. Na hora, o capitão Yazunosuke Oka deu-lhe uma dica: cair de mil metros é mais fácil do que de 500, porque você tem tempo para uma eventual correção. Tadashi acatou a sugestão e foi ao teste, mas na descida sentiu medo. No pouso, capotou o avião e só não foi jogada fora por causa do cinto de segurança. Além de não passar no exame, o avião era da escola e ela teve que compensar Onjiro, dando a ele a sua parte do motor que havia comprado.

Sem desanimar, em 24 de março de 1922, Tadashi prestou exame novamente e, dessa vez, conseguiu passar. Tornou-se a primeira mulher japonesa a se brevetar, recebendo a licença de número 38 no dia 31 de março de 1922, depois de dois anos e meio na escola. Para ela, esse não era o fim, mas o começo.

Pensava agora em participar de torneios e corridas de aviões em que pudesse ganhar dinheiro para quitar as dívidas com Tomita e as irmãs, que muito ajudaram. Isso ela não esquecia. Tomita a convidou para jantar para comemorar a licença de aviadora e, embora ela não tivesse vontade, apesar de não o ver havia mais de ano, aceitou o convite. O jantar acabou trazendo o inesperado: Tomita gostava de Tadashi, e o beijo aconteceu. Iniciaram o namoro, e ela engravidou em seguida. A descoberta da gravidez deixou-a perturbada e desgostosa. Não queria filhos, filhos não tinham lugar na vida de uma aviadora com suas pretensões. O destino, no entanto, é sempre insondável e, muitas vezes, trágico. Ela escorregou ao descer as escadas em casa e começou a sangrar. Levada às pressas ao hospital, perdeu o bebê. Tomita pediu que o hospital não comentasse o fato e tentou manter o máximo de discrição.

Em 2 de julho de 1922, Tadashi participou de sua primeira corrida aérea. Chegou em décimo lugar. Insatisfeita, atribuiu o mau resultado ao fato de ter perdido o filho, mas as coisas ainda iam piorar. O repórter que costumava assediá-la estava presente com dois *paparazzi* e, ao descobrir que Tadashi não era casada com Tomita, passou a publicar artigos pejorativos, com manchetes do tipo: "Primeira aviadora dormindo com advogado bonitão". Kazuo Tomita já havia proposto casamento a Tadashi, que recusara pensando na carreira de aviadora mas a confusão deixou-a sem saber o que fazer.

As notícias não passaram despercebidas pela família. Um dia, Kazue entrou enlouquecida na casa do casal e partiu para cima de Tadashi, batendo e xingando. Depois para cima de Tomita, cobrando dele a retidão de conduta que deveria ter tido com a irmã e não teve. Em seguida, retirou da bolsa um *tan-tou*, uma minicatana, espécie de sabre usado para cometer *sepuku* (ritual suicida no qual o ventre é aberto). Estava com muita vergonha e não podia voltar para casa. Tinha pedido ao chefe dinheiro para ajudar Tadashi, um dinheiro que nem trabalhando o resto da vida poderia pagar. Queria saber de Tomita o que iam fazer da vida. Conforme a resposta, ela o mataria primeiro e depois se suicidaria. Ele, pálido, respondeu que já tinha pedido Tadashi em casamento e que iria ajudar a pagar suas dívidas. O maior medo de Tadashi era não mais voar, mas com as notícias sobre sua vida nos jornais, o mais provável era que não aceitassem sua participação em outros torneios. Assim, o melhor, no momento, era parar de voar por uns tempos, até que a poeira assentasse. Kazue aquiesceu e ficou com a irmã por uns dias.

Tomita achou que, se ficasse quieta dentro de casa, Tadashi seria deixada em paz pelos jornais, mas, em 27 de agosto de 1922, foi publicado um artigo que dizia terem visto Tadashi na Coreia do Norte, acompanhada de um homem: "Será que esse homem era o advogado Kazuo Tomita, 32, que deixou a esposa Tyiomi, 32, para manter um relacionamento com Tadashi?". Até aí, todos os envolvidos sabiam que era mentira, pois não tinham saído do Japão, mas a notícia sobre a ex-mulher deixou Tadashi furiosa. Ele negou veemente, afirmando que eram mentiras e que ia processar o jornal. Em 1º de setembro de 1922, nova manchete especulativa: "Aviadora caiu. Estão pensando em caçar sua licença. Mil ienes de dívida com a escola".

Em 7 de setembro de 1922, outra matéria: "Aviadora sumiu. Na escola de aviação há várias fofocas". Foram entrevistar o diretor Onjiro, que achava que Tadashi havia voltado à sua aldeia em busca de patrocínio e não deixou de mostrar tristeza pelo sumiço da aluna.

A vida estava tão perturbada em meio a tantas mentiras que Tadashi e Tomita se mudaram para Ikebukuro, em Tóquio. Tadashi cuidava da casa, mas sentia sua vida esvair. Cada notícia que lia sobre como os aviões estavam evoluindo a deixava consternada. Queria gritar "Quero voltar a voar!", mas não tinha coragem.

Um conhecido de Kazuo Tomita decidiu procurá-los e propor patrocinar Tadashi para demonstrações de voo em eventos aeronáuticos. Tadashi tremeu ao ouvir, era o que mais queria na vida. Começaram a organizar a pauta e as negociações para a compra do avião, e Tadashi era só alegria. Até que enfim as coisas começavam a se encaixar. Quando Tomita viu que era real a possibilidade de Tadashi voltar a voar e, como consequência, estar presente na mídia, desistiu do negócio, proibindo-a de voar. Os dois discutiram, mas os argumentos de Tadashi eram pertinentes e encurralaram-no, até o momento em que ele disse: "Se você voltar a voar, o mundo vai ver você e eu não gosto que minha mulher seja mais inteligente do que eu". Tadashi emudeceu, chocada. Era esse o homem que a havia apoiado? Em vez de dizer a verdade, que seu grande medo era que ela desse mais atenção aos aviões do que a ele, como nos tempos da escola, Tomita deu uma demonstração de preconceito, sem mais explicações.

Como se não bastassem os dissabores, logo Tadashi começou a sentir dores de cabeça e enjoos. Agora sim sua vida complicava-se de vez. Grávida novamente, viu escorrerem pelo ralo suas possibilidades de voltar a voar. Em 4 de janeiro de 1924, nasceu Mineka. Tadashi estava certa: nunca mais voltaria a voar. A irmã Kazue, cada vez mais deprimida, começou a beber e passava os dias sem nada fazer, jogando na cara de Tadashi o esforço que fizera (referindo-se à época em que fora amante do chefe) para ajudá-la, e que, no fim, ela não passava de uma simples aviadora formada.

Revoltada, Tadashi saiu de casa. Foi à sua antiga escola, que não mais existia. Dirigindo-se à pensão, encontra Toyokichi e por lá passou a noite. Ao entrar em casa no dia seguinte, encontrou um Tomita desesperado e já não viu mais a irmã, que fez as malas e desapareceu. Tomita começou a beber e, em 1931, saiu de casa para viver com a secretária. Tadashi, além de ficar sem avião, ficou também sem marido.

Quando Mineka tinha 7 anos, a crise existencial bateu à porta de Tadashi, que imputava a culpa de sua desgraça no desejo de ser aviadora. Se tivesse sido professora, enfermeira ou médica, como a mãe queria, sua vida teria sido diferente. Resolveu esquecer os aviões e dedicar-se à filha. Dez anos após sua separação, em 7 de dezembro de 1941, Pearl Harbor é atacado pelos japoneses, e o avião tornou-se uma arma de guerra imprescindível. As notícias entristeceram Tadashi.

Viveu no ostracismo até fevereiro de 1972, quando, aos 73 anos, recebeu a inesperada visita de um rapaz, Kunio Hiraki. Hiraki escrevia livros sobre aviação e descobriu sobre Tadashi quando entrevistou Onjiro, que faleceu em seguida, em 26 de dezembro de 1971, aos 80 anos. Desde 1934, Tadashi passara a morar com o professor de arco japonês Goro Oyama, dez anos mais velho. Não tivera mais notícias da família. Em 1978, foi internada com problemas no coração e no fígado. A alegria desapareceu de sua vida, e o único alento era receber visita de Mineka e sua netinha. A única vez que a enfermeira a viu sorrir foi quando sonhou que voltava para casa de avião e correu a cumprimentar a mãe e as irmãs, agradecendo à família pelo apoio. A enfermeira veio com o remédio e tentou acordá-la, mas Tadashi não respondeu. Morria às 10h40 do dia 23 de abril de 1980, aos 81 anos, a primeira aviadora do Japão.

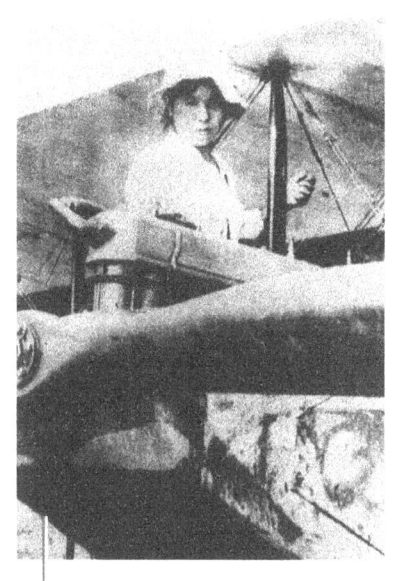

Tadashi Hyodo sobre um avião.

Capítulo 10
CHINA

Foi no ano do nascimento de Li Xiaqing, 1912, que terminou o domínio da dinastia Qing e teve início a nova ordem política na China, com a proclamação da República, a princípio muito instável. Em 1919, surgiu um protesto social em toda China, o movimento do 4 de Maio. Os protestos foram reflexo das transformações profundas que aconteciam na sociedade chinesa. A industrialização crescente do país e a melhora no sistema educacional provocaram um crescimento da classe média urbana, que via com preocupação o estado em que se encontrava o país. Os partidos de esquerda e direita tornaram-se irreconciliáveis e, em 1925, Li viu chegar ao poder Chiang Kai-shek, no controle do Kuomintang (Partido Nacionalista, ou KMT), que expulsou o Exército comunista de suas bases em todo o país.

No ano em que Li recebeu sua licença de voo, 1934, o Exército comunista, fugindo das tropas de Chiang Kai-shek para o noroeste da China, região mais inóspita do país, organizou-se sob um novo líder, Mao Tsé-tung. A guerra civil chinesa continuou após o término da Segunda Guerra Mundial, e o Partido Comunista Chinês (PCC) tomou conta do país, aproveitando o enfraquecimento do Exército de Chiang Kai-shek após a Segunda Guerra Mundial e após a guerra paralela travada contra os japoneses na Manchúria.

Em 1949, os comunistas proclamam a República Popular da China. Li foi morar nos Estados Unidos, mas sempre manteve o olhar em direção à sua terra natal, podendo assistir ao fim da heterodoxia comunista com a morte de Mao em 1976. Durante a década de 1980, Deng Xiaoping foi quem comandou a China, embora não tenha sido presidente eleito. Em 1991, Jiang Zemin assumiu a presidência, onde permaneceu até 2003. Li faleceu em 1998.

Li Xiaqing (1912-1998)
Nascida em 16 de abril de 1912 em uma família de posses, Li Xiaqing carregava, desde pequena, a ideia de derrotar os inimigos de seu país pelo ar, como uma vingadora alada. Guardava com carinho as histórias que sua bisavó contava sobre as apsarás (dançarinas celestiais, espíritos femininos das nuvens e das águas nas mitologias hindu e budista), que viviam no monte Emei e voavam magicamente pelos ares a combater os opressores. Pela importante participação da família na revolução que abateu a dinastia Manchu, sua avó Xu Mulan e sua tia-avó Xu Zonghan foram homenageadas com estátuas de cera, expostas no museu de Heróis da Revolução. A história familiar teve grande impacto na educação de Li, que sentia a necessidade de participar dessa nova China que a família ajudara a criar. Com 1 ano, foram morar na França, pois o pai cursava Engenharia Química na Sorbonne. Ao retornarem à China, sua mãe morreu de tuberculose – Li tinha 4 anos.

Li cresceu em companhia das concubinas do avô, que a ensinavam como ser charmosa e diplomática (de muito valor no futuro, quando trabalharia com relações públicas), e que uma mulher nunca deveria revelar seus verdadeiros sentimentos. Pouco tempo depois do segundo casamento do pai, Li Xiaqing foi mandada para Hong Kong para ficar sob os cuidados da avó paterna, Xu Mulan ("a exótica Mulan"), cujo rosto cuidadosamente pintado fascinou a menina. Li diria, em comentários futuros, que a avó era a mulher mais interessante que conhecera.

Recebeu educação inicial na escola St. Stephen, e embora a qualidade educacional do lugar fosse reconhecida, seus dias naquela escola foram infelizes. Era vítima de *bullying* racial por colegas britânicas e americanas, e

Li Xiaqing é cumprimentada por Patrick Sun, vice-cônsul da China em São Francisco, ao chegar no Aeroporto de Oakland, em 1939.

os maus-tratos imprimiram nela uma atitude defensiva em favor de sua raça, a qual perdurou durante toda a sua vida. Como admitia, quase impingiram nela um preconceito permanente contra estrangeiros.

Aos 10 anos, deixou a escola e foi para Xangai, onde o pai iniciou um negócio no ramo de joalheria. Agora Li estava matriculada na prestigiosa Escola McTyeire para garotas, uma missão americano-chinesa, um dos mais elegantes institutos de ensino. Depois de quatro anos, já estava familiarizada com trezentos poemas de Tang, a marca de uma educação fina, e podia conversar em francês e inglês. Aclamada pela instituição como uma das estudantes mais aplicadas, aos 14 anos seus dias na McTyeire sofreram, porém, uma interrupção abrupta. Com a bênção do pai, ela abandonou os estudos para conseguir seu primeiro emprego como atriz de cinema.

A história do envolvimento de Li no cinema foi breve. Na primavera de 1926, foi visitar o *set* de filmagem do diretor Bu Mocang, que lhe perguntou se queria participar de um filme. Ela aceitou, e nasceu a estrela Li Xiaqing. Muito rapidamente se tornou atriz convincente e participou de inúmeras produções. Teve treinamento de artes marciais, arco e flecha, boxe, equitação e uso mortal de facas e sabres para melhorar sua performance como atriz. Com o tempo, Xiaqing virou uma profissional de sucesso, ganhando o respeito de colegas e produtores de cinema da China.

Sentindo que sua educação tinha ficado a desejar, seu pai decidiu mandá-la para a Europa, matriculando-a numa escola para garotas na Inglaterra, onde ela permaneceu por quase dois anos. Não perdeu o contato com a indústria cinematográfica, e manteve amizades com personalidades como Charles Chaplin. Aparecia ocasionalmente em documentários destinados aos chineses, ávidos por notícias de sua atriz favorita, mas a carreira como atriz popular dos roteiros de prata chegava ao fim.

Li amadureceu fora dos padrões do costume familiar, e o pai pediu à colega revolucionária e primeira advogada juíza na China, dra. Zheng Yuxiu, que o ajudasse a encontrar um marido para a filha. A juíza indicou seu sobrinho Zheng Baifeng, patriota ferrenho e membro do Serviço Estrangeiro Chinês, graduado em Paris, charmoso e bonito. O casamento aconteceu em 1929, mas Li não tinha nada em comum com o marido, a não ser o amor pela China. Apesar disso, mudaram-se para Genebra.

Após o nascimento de seu primeiro filho, em setembro de 1931, em Genebra, a China sofreu a invasão japonesa na Manchúria, e o espírito de Li se agitou. Assim, em 1933, alguns meses depois do nascimento de sua filha, em setembro de 1932, partiu para Paris, onde assistiu a um show aéreo que a despertou. Apaixonou-se pela aviação e inscreveu-se para um teste de voo em Genebra, no aeroporto Genebra-Cointrin. A bordo de um biplano Moth, viu uma cena indescritível: o Mont Blanc ("Dama Branca", como era conhecido) e o resto dos Alpes cobertos de neve. O lago de Genebra se espalhava como uma rara safira, e era possível ver a Suíça inteira até as fronteiras da França e da Itália. Foi definitivo. Descobrira sua verdadeira vocação. O desejo agora era se tornar aviadora e retornar à China, fomentando a importância da aviação, sobretudo na guerra contra os japoneses na Manchúria.

Voltou à China para contar os planos ao pai, que os aprovou. Voltando à Suíça, matriculou-se na escola de voo e, na primavera de 1934, Li Xiaqing fez seu primeiro voo solo. Em 6 de agosto de 1934 foi aprovada nos exames, recebendo a licença de piloto particular do Aeroclube da Suíça. Foi a primeira mulher de qualquer raça ou nacionalidade a receber brevê categoria I em Genebra. A partir de então, a Europa seria seu alvo. Vestida de uniforme branco e saltos altos, ela percorreu várias capitais, fazendo-se notar nos aeroportos de Viena, Londres e Paris por descer do *cockpit* muito elegante, como se estivesse saindo de um salão de beleza.

Entretanto, se quisesse ajudar seu país de maneira sensível, precisaria aprimorar seus conhecimentos de voo, melhorar as credenciais e a capacidade de fazer manutenção em aeronaves. A melhor escola de aviação do mundo para isso era a Escola Boeing de Aeronáutica em Oakland, Califórnia, nos Estados Unidos. Depois de autorizada pelo pai, saiu em busca dos estudos. A Boeing nunca tinha admitido mulheres e precisou ser dissuadida por Li, que insistiu até ser aceita em janeiro de 1935. Em 9 de janeiro do mesmo ano, a Escola da Suíça lhe concede o brevê categoria II; com isso, Li estava pronta para iniciar as atividades em Oakland.

A Escola Boeing de Aeronáutica era uma divisão da United Airlines dedicada exclusivamente a estudantes que lá permaneciam em tempo integral. Seus instrutores eram veteranos militares, pilotos comerciais e dos correios, e eram considerados os melhores nas suas áreas. As aeronaves disponíveis aos alunos estavam entre as mais modernas do mundo, e isso incluía grande variedade de modelos, como Boeing, Stinson e Stearman. Uma das joias da aviação era um Ford trimotor reforçado por motores da Wasp, potente avião criado para transportar passageiros pelas linhas aéreas comerciais.

O marido e as crianças a acompanharam até São Francisco e, depois que ela se instalou na nova escola, retornaram à China. A dureza do regime de treinamento foi um choque para Li. Ao contrário da gentileza aprendida em Genebra, os professores americanos eram rudes, e ela, tão miúda, precisava sentar-se sobre almofadas para enxergar pela janela do *cockpit*. Blocos tiveram que ser fixados nos pedais para que ela pudesse alcançá-los. Qualquer decisão que tomava no ar era questionada.

Formalizou um pedido para a escola providenciar treinamento especial em acrobacias e, em 15 de maio de 1935, foi enviada para aprender manobras acrobáticas sobre a Baía de São Francisco. Como sempre, vestia o macacão de voo de couro e, antes de decolar, sempre inspecionava cuidadosamente o cinto de segurança. Para voos acrobáticos, os cuidados deviam ser redobrados. Foi para o *cockpit* com Gregg, o instrutor, no assento da frente. Decolaram e voavam sobre a baía, a mais ou menos 670 metros, quando Gregg sinalizou que daria início a uma rolagem. Nesse momento, ele olhou de relance pelo espelho retrovisor e chocou-se ao ver a aluna com metade do corpo fora do assento e agarrada à fuselagem. No próximo instante, já estava fora do avião. O cinto de segurança arrebentou, e Li foi lançada no vazio. Ele continuou a voar de cabeça para baixo, com medo de que pudesse atingi-la com as asas, e então fez a rolagem para a posição correta (de cabeça para cima), rezando o tempo todo para que ela soubesse o que fazer.

Foi arremessada em direção ao oceano. Se sobrevivesse ao mergulho na baía, podia ficar enroscada nas cordas do paraquedas, ser engolida pelas ondas por causa do peso das roupas, ou sucumbir devido à baixíssima temperatura das águas. Gregg inclinou o avião lateralmente e mergulhou de volta ao aeroporto para soar o alarme, fazendo um turbulento pouso com vento na traseira. Chamou dois salva-vidas e voltou ao local onde Li fora arremessada. Felizmente, o paraquedas foi reconhecido na costa por aviadores da base da Reserva Naval americana de Alameda, que estava próxima. O resgate chegou com um anfíbio da Reserva Naval. Passaram-se mais de vinte minutos desde a queda na água até o resgate, e ela já estava quase glacialmente congelada. Foi encaminhada para o hospital de base em boas condições. Permaneceu hospitalizada e em observação.

Metade da baía havia testemunhado a queda de Xiaqing, e quase em seguida a imprensa dirigiu-se à enfermaria para entrevistá-la, e uma fotografia saiu no *San Francisco Examiner*. No dia seguinte, Li decolava de novo sobre a baía, continuando as aulas. O incidente permitiu a Xiaqing participar do exclusivo Clube Caterpillar, cujos integrantes se salvaram de uma emergência utilizando paraquedas. Em 12 de junho de 1935, a Companhia Irving de Paraquedismo (Irving Air Chute Co. Ltd.) presenteou-a com um pequeno *pin* de ouro, que significava sua entrada para o grupo de elite.

Em novembro de 1935, tornou-se a primeira mulher a se graduar na Escola Boeing de Aeronáutica. A licença garantiu também uma licença particular de piloto. Feliz por terminar o curso com sucesso, embarcou em dezembro do mesmo ano para a China, no luxuoso SS President Coolidge.

Depois do Ano-Novo chinês de 1936, Xiaqing estabeleceu residência permanente em Xangai. Naquela época, a cidade tinha a reputação de centro da atividade aeronáutica da China. A Liga Chinesa de Aviação fora fundada em setembro de 1932 por um punhado de entusiastas que, com dificuldade, tentavam mantê-la. Um dos obstáculos era uma lei do governo chinês que proibia voos particulares por medo de sofrer ataques de opositores. O generalíssimo Chiang Kai-shek percebeu que esse impedimento ia contra a necessidade de promover a aviação e, na primavera de 1934, permitiu que civis pudessem operar aeronaves particulares. Um grupo de aviadores inaugurou o Clube de Voo de Xangai, o primeiro do tipo na China. Comerciantes locais doaram duas aeronaves para o clube, um Junkers Junior A50 (alemão, monoplano, de dois lugares, recoberto com uma pele corrugada com a marca registrada Junker) e um Avro (britânico) biplano.

Para todos os efeitos, o cidadão médio ainda não estava convencido da segurança e do valor de um avião. Xiaqing se uniu à liga, que a colocou na posição de primeira aviadora da China. Ficou frustrada ao descobrir que suas ambições encontravam grande resistência machista, pois o governo da China não estava disposto a conceder a licença oficial a ela, fazendo o que foi possível para desestimulá-la. Só que Li não passara por todos os cursos e infortúnios, pensando no desenvolvimento aeronáutico da China, para ser recusada.

As aptidões em voo e a aprovação em todos os testes mostraram que Xiaqing estava mais do que preparada. Ela não apenas foi a primeira mulher a ter a rara licença do governo, como o generalíssimo a entregou pessoalmente. O próprio governo ofereceu a ela a missão de voar por toda a China para inspecionar aeronaves civis e militares e determinar o estado de conservação e operacionalidade de cada uma. Ela descobriu que os mapas chineses e os relatórios não eram confiáveis, e que não havia sistema de orientação por rádio, como nos Estados Unidos. Ao voar pela China, Li teve que seguir, muitas vezes, rios estreitos e finos para não se perder, porque os instrumentos do avião não funcionavam. Durante esse *tour* de inspeção, conheceu o país como poucos aviadores, e voou cerca de 50 mil quilômetros.

De volta a Xangai, ajudou a organizar a nova escola da Liga de Aviação. O governo subsidiou parte das operações, e Li se tornou a primeira instrutora mulher. Uma notícia no jornal deu conta de que ela havia se divorciado para poder se dedicar integralmente à aviação. Xiaqing foi a primeira mulher a se divorciar sob as novas leis.

A publicidade causava muito sofrimento ao ex-marido, além de uma severa perda de prestígio. Para Zheng Baifeng, lavar a roupa suja em público causou um impacto embaraçoso nas aspirações diplomáticas, e ele jamais se esqueceu ou perdoou a ofensa pessoal. Como homem autoritário e brusco, tentou impedir que a ex-mulher tivesse acesso aos filhos, e, durante toda a década seguinte, ela os viu durante raros e rápidos intervalos no solo, quando os empregados do ex-marido facilitavam a visita.

Nunca faltaram admiradores a Xiaqing, e um em especial foi persistente. Peter Doo, sabendo que o casamento de Xiaqing havia terminado, escreveu a ela de Londres e, depois do divórcio, os dois se envolveram num relacionamento por oito anos.

Xiaqing aplicou-se cada vez com mais afinco à profissão. A Liga Chinesa de Aviação passou a fazer parte da Associação Nacional de Reconstrução da Aviação da China. Para se ter uma ideia da importância dessa nova Associação, Chiang Kai-shek nomeou seu presidente e deu início a um trabalho de publicidade a fim de informar a população da importância da aviação. Fotos de Xiaqing começaram a ser divulgadas em revistas e publicações. Como a probabilidade de guerra com o Japão continuava a crescer, a necessidade de expandir a aviação em defesa da China começou a tomar grandes proporções. Foram criadas organizações, e até mesmo cidades inteiras competiam para ver qual delas doaria mais aviões para a causa.

Em uma cerimônia dedicada ao aniversário do generalíssimo, com 150 mil pessoas presentes, Xiaqing decolou e realizou acrobacias. Fez um mergulho sobre o palanque oficial e, quando estava a polegadas das cabeças dos digníssimos, mudou em direção ao céu. A audiência enlouqueceu, e quando ela aterrissou foi escoltada como rainha em meio à multidão. Pouco depois desse episódio, Xiaqing conheceu Yan Yaqing, uma jovem do Serviço de Estrangeiros conhecida como Hilda Yan. Juntas, começaram a traçar planos para colocar as mulheres no coração das operações aéreas do país. Hilda chegara de Moscou, onde havia sido castelã na embaixada chinesa. As duas tinham muitos interesses em comum. Hilda também era divorciada e também tinha um casal de filhos, além de também ter familiaridade com Genebra. Seu espírito rebelde acabou por marginalizar as duas mulheres na sociedade de Xangai. Juntas, traçaram planos para incentivar a necessidade de fortalecer a aviação.

Li escreveu um livro, *A aventura da aviação na China*, que publicou em inglês e chinês. Num esforço de fazer com que o trabalho fosse o mais claro possível, embarcou numa série de *tours* aéreos para pesquisar as rotas aéreas da China. O tópico era ambicioso, pois Li queria ver modernizada a indústria de transportes do país. Fez o primeiro trecho de seu *tour* nacional num Junker trimotor, produzido pela Corporação Eurasiana de Aviação.

Em 7 de julho de 1937, a China entrou em guerra com o Japão, um conflito que durou oito anos. No início, Xangai não se envolveu, mas em

13 de agosto a cidade foi bombardeada pelos japoneses. Cidadãos de todas as nacionalidades apoiaram as tropas nacionalistas, que lutavam para manter as forças na baía. Xiaqing se apresentou. Eis uma nova chance de fazer o papel da nobre guerreira Hua Mulan (sua avó) num cenário real. Dirigindo-se à comissão de oficiais da aviação, fez um pedido especial: queria ser escalada para comandar um esquadrão de combate e ter permissão para voos operacionais. Seu pedido foi recusado. Insistiu para voar pela periferia da guerra, como piloto de entregas de suprimentos ou *courier*, mas a resposta foi a mesma.

Depois de três dias de ataque a Xangai, Li promove um encontro em seu apartamento que dá início ao Primeiro Auxílio de Emergência de Cidadãos. Seu grande amigo Percy Chen, um dos políticos mais proeminentes da China, é eleito presidente, e ela, vice-presidente. Xiaqing liga-se ao hospital e chefia o Hospital de Emergência da Cruz Vermelha, chegando a usar seus próprios recursos para financiar as operações. No outono, a maior parte da cidade estava sob domínio japonês, mas os estabelecimentos estrangeiros continuavam a manter sua soberania nas áreas que ocupavam, e essas zonas estrangeiras, no centro da cidade, ofereciam refúgio para os chineses. Li continuou o trabalho até descobrir que seu nome fazia parte da lista negra dos japoneses e, portanto, seus dias estavam contados caso não saísse logo da cidade. Deixou Xangai literalmente correndo, pegando um dos últimos aviões que conseguiram sair.

Em Hong Kong, conversou com autoridades do setor aéreo, dizendo que, se tivessem permissão, as pilotos mulheres dariam uma sólida contribuição ao esforço de guerra. Se trabalhassem como *couriers*, especialmente no interior, poderiam entregar suprimentos médicos em lugares onde fossem necessários, liberando os voos operacionais para os homens.

Estabeleceu-se em Kowloon, na residência da família, e lá, depois de se recompor em corpo e espírito, reiniciou os trabalhos. Estava frustrada por sentir que suas qualidades estavam se perdendo, mas traçou um plano:

visitando diversas cidades americanas, poderia arrecadar ajuda. O plano não evoluiu, apesar da permissão oficial.

Em 14 de outubro de 1938, a imprensa registrou a queda de um avião de passageiros, abatido pelos japoneses um mês antes. Era um DC-2, de uma linha de passageiros da CNAC. A carcaça tinha sido rebocada para Kai Tak, e Xiaqing teve permissão para examinar o entulho. Dos 16 ocupantes, 14 morreram, incluindo mulheres e crianças. Foi o primeiro avião comercial abatido em hostilidades aéreas. Observando a ferragem retorcida do avião e a lataria perfurada por 80 tiros, Xiaqing reforçou a decisão de seduzir a América para a causa chinesa.

Com cartas de apresentação de proeminentes americanos estabelecidos na China, líderes de empresas de aviação e bancos, conseguiria contatar gente dos Estados Unidos em qualquer lugar que precisasse. Também escreveu cartas aos amigos na Califórnia, como a atriz Anna May Wong, e as *socialites* que poderiam apresentá-la a pessoas influentes. Em 20 de outubro de 1938, foi para São Francisco. Sua chegada à América recebeu cobertura nacional e foi anunciado que Li voaria pelos Estados Unidos em favor da Cruz Vermelha. Os chineses de São Francisco, orgulhosos de ter uma conterrânea tão notável, deram a ela todo seu apoio, principalmente quando souberam que Guangzhou, cidade natal de muitos, estava nas mãos dos japoneses.

Li penhorou suas joias e com isso assegurou o aluguel de uma aeronave pequena para fazer um voo sobre Los Angeles. Soube que a amiga Hilda Yan estava em Nova York, matriculada numa escola de aviação e no final de um curso. As duas resolveram unir forças. Assim que Hilda recebesse seu certificado, voariam juntas pela América. Enquanto isso, Xiaqing fez rápidas aparições públicas até conhecer a aviadora americana Jacqueline Cochran, que acabava de vencer a Bendix Transcontinental Air Race num caça Seversky. O Departamento de Estado americano, apoiado pela esposa de Chiang Kai-shek, pediu a Cochran que ajudasse Xiaqing a conseguir uma aeronave para seu *tour*. A Corporação Beech (fabricante dos Beechcrafts) cedeu uma aeronave. As duas mulheres voaram juntas da costa oeste para a costa leste, e Cochran aceitou trabalhar de graça como madrinha de Xiaqing.

Em 23 de março de 1939, Xiaqing iniciou o *tour* pelos Estados Unidos (a guerra na Europa estava começando) num Stinsom Reliant SR-98, com o nome Espírito da Nova China. Hilda Yan também conseguiu um avião, e cada uma traçou sua rota e seu destino.

Nos Estados Unidos, Xiaqing continuou de cidade em cidade com pompa e flores. Até voltar a Nova York, passou três meses viajando, percorreu 16 mil quilômetros e arrecadou 10 mil dólares americanos e 20 mil dólares chineses. Ela não pretendia parar. Em fevereiro de 1940, iniciou um novo *tour* pela América Central, pelo Caribe e pela América do Sul, agora sob a bandeira do Departamento Americano de Assistência Médica para a China (ABMAC), do qual a esposa de Chiang Kai-shek era chefe. A Associação cuidava de órfãos de guerra, crianças anêmicas, cegas e com toda sorte de problemas e necessidades. O filantropo Cornelius Vanderbilt Sonny Whitney emprestou seu biplano Beechcraft Staggerwing C17R para a viagem. A ligeira aeronave, com 450 cavalos de potência e motor Wright, era equipada com oxigênio para voos em grande altitude, como sobre os Andes. O Espírito da China seria pintado de preto e vermelho.

Li partiu em 12 de março de 1940 de Nova York para Havana, depois para Miami, Brownsville, Cidade do México, passando pela América Central e zona do canal, descendo depois pela costa da América do Sul. Visitou pequenas cidades e capitais como Lima, no Peru, e Santiago, no Chile. Atravessou os Andes até Buenos Aires, na Argentina, e seguiu para o Rio de Janeiro. Dali foi para Caracas, na Venezuela e voltou a Miami, nos Estados Unidos. No total, a expedição demorou três meses e percorreu quase 30 mil quilômetros, com boas arrecadações. Li Xiaqing fez muito sucesso, sobretudo nos Estados Unidos, mas seus voos não eram só motivados pela causa dos refugiados. As aventuras que eles proporcionavam faziam parte de sua alma. Ela era, antes de mais nada, uma aviadora que amava estar nos céus.

Aos 27 anos, resolveu escrever um livro sobre sua vida e retornar a Xangai por um breve momento. Li não tinha parada: sempre pensando na ajuda humanitária, voltou aos Estados Unidos. Em 1941 foi fundada na Flórida a United China Relief (UCR), na qual ela trabalhou até o final da guerra. Em setembro de 1941, foi convidada pela Cruz Vermelha do Canadá a fazer voos com um Piper Cub vermelho, arrecadando fundos para a instituição. Liderou quarenta aviões em formação V para o parque Algonquin, no Cruzeiro Aéreo Anual. A Companhia Aérea Aeronca doou um avião para a UCR para uso exclusivo de Xiaqing, mas, ao final de 1941, uma mudança nas leis sobre seguro aeronáutico fez com que Li precisasse renovar a licença. Essas mudanças provocaram uma diminuição nos voos pelo país. Em 7 de dezembro de 1941, os Estados Unidos sofreram o ataque a Pearl Harbor, entrando em definitivo na guerra, e isso reforçou o sentimento de união com a China, já que agora combatiam o mesmo inimigo.

Em 1943, Xiaqing sentia-se cansada. Os americanos agora estavam ocupados com uma imensa variedade de apelos para ajudar seu próprio país, e Xiaqing voltou-se mais uma vez para a América do Sul. Agora com 32 anos, partiu para mais uma aventura, com foco diferente. Trabalhava como embaixadora extraoficial do comércio, observando os negócios do pós-guerra que surgiam entre a China e a América do Sul. No Rio de Janeiro, em julho de 1944, foi convidada por José Bento Ribeiro Dantas, presidente dos Serviços Aéreos Cruzeiro do Sul, para fazer um voo complementar, numa rota que entrava pelo coração do Brasil e fazia paradas em Manaus e Corumbá. No retorno ao Rio, a embaixadora da China cedeu uma entrevista à imprensa em seus aposentos no Copacabana Palace. Nunca tinha visto uma cidade como o Rio nem uma mata tão fantástica como a selva amazônica. Um verdadeiro oceano verde.

Quando a guerra terminou em 1945, Li resolveu voltar à China e ajudar na reconstrução do país, mas sofreu um choque quando percebeu que a corrupção tomara conta de todos os setores da sociedade. A China não era mais a que havia deixado. Resolveu se mudar para Hong Kong, para a casa da família em Kowloon. Nunca soube ao certo o que fizeram com o dinheiro que arrecadou para a China. Sentiu-se um fantasma.

O partido nacionalista Kuomintang, de Chiang Kai-shek, não conseguiu prender Mao Tsé-tung, que fugiu para o interior quando estourou a guerra com os japoneses na Manchúria, e em seguida a Segunda Guerra Mundial. Após a guerra, Mao e os comunistas, fortalecidos, derrotaram o Kuomintang, fundando em 1º de outubro de 1949 a República Popular da China, em Pequim. Xiaqing não sofreu as influências do novo governo chinês, porque Hong Kong pertencia à Inglaterra e ela pôde manter seu *status* de aviadora. Não mais tão ativa, fez alguns voos de lazer para Cingapura e Bangcoc, confessando num encontro que teve com Jacqueline Cochran, em 1953, que já não voava mais como antes.

No ano de 1958, foi convidada a fazer um voo de demonstração na inauguração do novo aeroporto de Kai Tak. Agora com 55 anos de idade, conheceu o empresário de sucesso George Yixiang Li, conhecido em Hong Kong como o príncipe de Sham Shui Po. Com muitas coisas em comum, juntos voltaram aos Estados Unidos. Estabeleceram residência definitiva em São Mateo, a dez minutos do Aeroporto Internacional de São Francisco, até o casamento em 1971, quando se mudaram para Oakland. Xiaqing sempre esteve acostumada a festas e recepções, e sua vida após o casamento continuou com intensa atividade social. *Socialites*, ela e o marido viajavam muito e, por causa das várias idas à Europa, compraram uma casa em Cannes.

Hong Kong passou a colônia do Império Britânico após a primeira Guerra do Ópio (1839-1842) e foi devolvida à China em julho de 1997, acontecimento que Xiaqing testemunhou aos 85 anos. Escolheu como morada os Estados Unidos, mas seu coração sempre foi chinês, e comoveu-se retornando a Hong Kong e realizando um *tour* pelo Rio Yang-tsé.

Com a saúde debilitada, precisou retornar aos Estados Unidos. Seus pulmões sempre foram fracos e suscetíveis a doenças respiratórias. Permitiu que os filhos a internassem no Kaiser Medical Center de Oklahoma, mas não aguentou. Faleceu em 24 de janeiro de 1998. Sem sofrer, apenas se foi.

Capítulo 11
CHILE

O Chile vinha enfrentando problemas sociais pelas péssimas condições de trabalho oferecidas aos trabalhadores de todo o país. Em 1912, ano em que Margot Duhalde nasceu, surgiram os sindicatos e o Partido Trabalhador Socialista. Os movimentos cresceram até que, em 1925, foi criada uma nova Constituição, com a qual se encerrava o parlamentarismo e iniciava-se o presidencialismo. Apesar da conjuntura complexa, nos primeiros anos, foi criada a Linha Aérea Nacional, a Controladoria Geral da República, os Carabineros do Chile e a Força Aérea do Chile, além da promulgação do Código do Trabalho.

A instabilidade política piorou após a crise econômica mundial de 1929 e, em 1936, o Congresso voltou a ser fechado. Os partidos comunistas, socialistas, radicais e conservadores disputaram o poder. Enquanto Margot recebia sua licença de voo em 1938, membros da juventude nazista tomavam a Casa Central da Universidade do Chile. Em 1939, um forte terremoto abalou o Chile, mas os caminhos econômicos escolhidos pelo presidente em exercício, Aguirre Cerda, recuperaram a economia com o desenvolvimento da agricultura e indústria entre 1940 e 1943. Em 1941, quando Margot partiu para voar na Inglaterra, morria Aguirre Cerda, de tuberculose. Em 1942, Juan Antonio Rios foi eleito e deu continuidade aos projetos de Cerda.

Após a Segunda Guerra Mundial, Margot retornou ao Chile. Faleceu recentemente, dia 5 de fevereiro de 2018, e pôde assistir a fatos como o prêmio Nobel dado a Pablo Neruda em 1971; o golpe de 1973; a crise do petróleo; uma nova Constituição em março de 1981; a visita do Papa João Paulo II em 1987; a volta ao regime democrático a partir de 1990; o início do século XXI; o Chile como membro do Conselho de Segurança das Nações Unidas em 2003; e a primeira mulher presidente do Chile, Michelle Bachelet, em 2006.

Margot Duhalde (1920-2018)

Embora Margot não tenha sido a primeira mulher a se brevetar no Chile, sua história como aviadora nos remete às lembranças de livros de aventuras, só que, no seu caso, não há nada de ficcional. Com uma personalidade forte e inquieta, essa chilena escreveu sua vida com muita tenacidade, assim como as demais aviadoras retratadas neste livro.

Nasceu em Rio Bueno, Chile, em 12 de dezembro de 1920, em meio à natureza, aprendendo a andar a cavalo, nadar em rio e tudo o mais que pudesse estar ligado ao tipo de vida que seus pais proporcionavam morando no campo. Amava os cavalos e aprendeu a amansá-los, participando de corridas sempre que possível. Ao completar 12 anos, seus pais resolveram que estava na hora da menina arteira e solta nas lides se tornar uma senhorita com todas as prendas às quais eram submetidas as moças da idade. Margot passou a frequentar o colégio de Santa Cruz em Rio Bueno. As freiras não podiam imaginar o que iriam enfrentar. Margot era rebelde, audaz e muita imaginativa, e não gostava de fazer nada relacionado ao que faziam as outras meninas. Nunca bordou e nunca teve nenhum interesse pela cozinha.

Aos 11 anos, já dirigia automóvel, e foram várias as vezes em que foi presa pelos guardas andando com o carro lotado de amigos. Aprontava no colégio, e as freiras não conseguiam dobrá-la. Sua alma gritava por algo mais forte: o amor pelos aviões. Um dia, em meio aos estudos, escutou um ruído familiar de motor que ficava cada vez mais forte. Deu-se conta de que um avião voava baixo sobre o colégio. Sem pestanejar, saiu da sala

Margot Duhalde, c. 1944.

de aula e só parou de correr ao encontrar o avião pousado perto da praça. A alegria foi enorme. Era a primeira vez que via de perto um avião e tocou-o por todos os lados.

No ano seguinte, os pais decidiram interná-la no Liceu de Osorno, achando que seria o único jeito de civilizá-la, mas lá suportaram-na por apenas um ano. Desde o encontro com o avião, ficou claro que queria voar, e sempre insistiu com os pais que o que mais queria na vida era aprender a pilotar aviões. Morou com uma tia para seguir seus estudos, mas, de tanto aprontar, os pais a internaram no Liceu nº 3 de Santiago, afastando-a do interior. Mesmo isolada, começou a fazer amizades, e aproveitava os fins de semana para ir ao aeroporto de Los Cerrillos.

Voltando a morar com os pais em Santiago, aos 14 anos, acordou muito doente numa manhã. O médico diagnosticou escarlatina, e os pais, angustiados, prometeram ante sua insistência que, se ela se recuperasse, eles a deixariam voar. Aos 16 anos, como os pais não tomavam uma decisão, pegou o revólver do pai, trancou-se no quarto, apontou-o para a cabeça e disse à mãe que, se não lhe dessem a permissão prometida, ela se mataria com um tiro. A mãe quase enlouqueceu, e Margot acabou nas oficinas do aeroclube com o pai. No entanto, descobriu, insatisfeita, que a idade mínima para o curso era de 20 anos. De maneira contundente, disse ao oficial que tinha 20 anos, sob o silêncio do pai.

O aeroclube contava com poucos instrutores civis, sendo quase todos oficiais da Força Aérea do Chile, e ninguém queria dar instrução a ela porque era mulher. Insistente, Margot visitava todos os dias os hangares do Aeroclube de Los Cerrillos, até conhecer César Copetta, um francês (primeiro homem a voar no Chile) especialista em mecânica e chefe da oficina do aeroclube. O homem se apiedou e se afeiçoou à jovem, começando a ensinar mecânica a ela e deixando que ela fizesse alguns voos, comandados pelo tenente René Gonzalez, em um Cirrus Moth, biplano com dois lugares. Porém, por causa de um incidente em voo – quando René pediu a ela que reduzisse o motor, ela cortou o contato e pousou com o motor desligado –, o instrutor desistiu.

Copetta levou-a à escola da base de El Bosque, onde o capitão Washington Silva foi o único disposto a ministrar as aulas de voo. Como em Santiago vivia sendo expulsa de classe e levando sermão da inspetora, decidiu abandonar o colégio de vez e frequentar as aulas na escola de voo. Sem prestar exame, um belo dia aboletou-se na cadeira como aluna regular e seguiu o curso sem ser incomodada nem questionada. As aulas eram técnicas e dadas nos períodos da manhã e da tarde. Seu tutor passou a ser o primeiro-tenente Ernesto Hermann. Por fim, em 30 de abril de 1938, prestou exame ante uma comissão militar, recebendo a licença e as asas de piloto.

Com um velho Cirrus Moth, teve como passageira uma senhora, amiga de seu pai, e seus dois filhos pequenos e doentes. Supôs que para ajudar na cura da tosse devesse levá-los às alturas. Não demorou e o motor começou a soltar óleo e a fazer um terrível barulho. Sem alternativa, Margot cortou o motor e, planando, procurou um lugar para pouso. Enxergou um campo arado e para lá se dirigiu. Ao pousar, depois de ter pedido muita ajuda ao Senhor, o avião correu pouco até suas rodas cravarem no solo fofo e travarem, fazendo com que capotasse. Com a ajuda de um camponês, retirou a senhora e seus filhos do avião inteiros e com vida e foi comunicar ao aeroclube o acidente. A notícia se transformou num grande alvoroço e lhe custou três meses de suspensão por levar três passageiros no lugar de apenas um.

Nessa época, teve início a guerra na Europa e, depois da invasão da França pelos alemães, instala-se o governo de Philippe Pétain, em Vichy, não reconhecido pelos Aliados, que passaram a considerar o general De Gaulle como o líder da resistência francesa. De Gaulle fundou em Londres o Comitê Nacional da França Livre e convocou todos os franceses que estavam em outros países a se voluntariarem para a luta contra os alemães. O chamado de De Gaulle chegou ao Chile. Descendente de franceses, Margot queria voar pela França e, escondida dos pais, inscreveu-se primeiro no consulado francês e depois no Comitê de De Gaulle. Em 11 de abril de 1941, partiu de Santiago com um grupo de quinze pessoas, das quais apenas duas mulheres, rumo à Europa. Em 24 de maio, o Rangitata, navio que os transportava, chegou ao porto de Liverpool, na Inglaterra. Funcionários da Scotland Yard os levaram a Londres.

Depois de três meses de espera, e com certo mau humor, Margot foi convocada pelo capitão Menier, que a enviou à cidade de Wellingborough, no noroeste de Londres. Foi posta em uma casa de repouso junto com pilotos franceses em recuperação por acidentes. Logo recebeu uma carta de Pierre Orlemont, apresentando-se e informando-a de que era um piloto cadete francês em treinamento com a Royal Air Force (RAF). Os franceses pensavam que ela fosse homem, mas, sendo mulher, não havia lugar para voar entre eles, e Orlemont recomendou que se apresentasse na Air Transport Auxiliary (ATA), na base de Hatfield, onde tanto homens como mulheres podiam voar. Ao terminar de ler a carta, Margot ficou feliz, pois pelo menos estava sendo encaminhada a algum lugar. Prontamente, foi para Hatfield, uma hora de trem ao norte de Londres.

Chegando, apresentou-se à comandante Pauline Gower, que ordenou de imediato a uma instrutora que fizesse um exame de voo em Margot. A bordo de um Tiger Moth, ficou impressionada com o movimento do campo, onde muitos aviões em treinamento realizavam toque-arremetida, isto é, pousavam e decolavam em seguida. Ao sinal da instrutora, decolou. Após o primeiro teste sem problemas, a comandante Gower mandou-a para o aeródromo de White Waltham, sede da ATA, mas havia um entrave burocrático. Para ingressar como cadete, era preciso que a Força Aérea da França Livre (FAFL) desse a permissão por escrito, já que sua filiação como voluntária fora para essa força. Depois que os franceses souberam que tinha sido aceita pelos ingleses, não queriam deixá-la ir, e Margot precisou da intervenção do consulado do Chile. Voltou a Hatfield, aeródromo que pertencia à fabricante de aviões De Havilland e servia de centro de treinamento da RAF, que lá operava a Elementary Flying Training School (EFTS). Foi ali que operou o primeiro grupo de mulheres desde setembro de 1939, e Margot passou a fazer parte desse grupo. Os pilotos da ATA viviam em casas de família ou hotéis, pois não havia dormitórios suficientes na base para receber o grande número de pilotos e funcionários das oficinas. Lá, ganhou o apelido de Chili, para ser identificada em seu meio.

No início do treinamento, em seu primeiro voo solo, sua missão era fazer uma navegação, mas perdeu-se no caminho, sendo obrigada a fazer um pouso forçado em local desconhecido, o que lhe custou uma passagem pela enfermaria com o nariz machucado. Seis dias depois, quando se dirigiu a uma classe de navegação, um oficial lhe entregou uma ordem para que se apresentasse à Elementary Flying Training School de White Waltham. Essa era a base número um para os Ferry Pilot Pool (pilotos de avião de transporte). Passou dois meses com poucas oportunidades de voo devido ao mau tempo. O movimento no aeródromo aumentou tanto que a escola foi transferida para Luton e, depois de cinco dias, o comandante Wood, chefe da escola, mandou chamá-la para comunicar que devia retornar ao quartel-general para receber dispensa. Margot quase surtou. Indignada, passou a noite sem dormir e logo cedo voltou a White Waltham para conversar com a comandante Gower e saber o que estava acontecendo.

Em poucas palavras, a comandante repetiu o que já tinha ouvido em Luton, acrescentando que ela se confundia com a geografia do país e que não tinha notado nenhum avanço expressivo com relação aos voos. Sentindo que Gower não arredaria pé, dirigiu-se ao instrutor chefe das escolas, o comandante MacMiller. Com grande esforço, explicou ao comandante que era boa aviadora e que os problemas que estava enfrentando eram porque não compreendia a língua e, consequentemente, as ordens. Margot não falava uma palavra de inglês. Propôs, então, ao comandante passar três meses trabalhando nas oficinas para aprender a língua e depois fazer um novo teste. O comandante aceitou a proposta e destinou-a ao hangar de White Waltham, onde trabalharia oito horas por dia lidando com motores. Em julho de 1942, ao final dos três meses combinados com o comandante, foi enviada ao aeródromo de Barton. Lá seu instrutor era Paddington, um homem agradável, mas exigente, que de pronto ordenou a Margot um voo de navegação chamado de *cross country*, o mesmo tipo de voo daquele quase fatídico começo. Dessa vez ela não se perdeu e exultou de felicidade ao pousar de volta em seu aeródromo.

Permaneceu no curso de três semanas e foi se firmando como futura cadete. Fazia navegações cada vez mais distantes em um trabalho diário, com todo tipo de clima e para todas as direções dentro da Inglaterra, muitas vezes congelando na cabine aberta dos biplanos. O frio nas alturas era insuportável, dormiam os pés, e nos lábios se acumulavam cubinhos de gelo, além de ocorrer perda de sensibilidade de partes do corpo expostas ao vento. Em cada escala, carimbava sua ficha, mas muitas vezes precisava pernoitar, porque a baixa neblina, as fortes chuvas ou o granizo não a permitiam decolar, obrigando-a a permanecer em terra por até três dias. Depois de três meses de vida dura em Luton, foi chamada pela oficial superior e descobriu com alegria que ganharia o uniforme da ATA, com os galões de cadete.

Em 20 de agosto de 1942, foi enviada a Hamble, comissionada como piloto por um mês na esquadrilha número 15 dos Ferry Pilot Pool, composta apenas de mulheres. O trabalho era transportar os pilotos dos aeroportos às fábricas para que pudessem levar às bases os novos aviões. Hamble ficava perto do porto de Southampton, próximo ao canal da Mancha, que continha grande número de navios da Marinha inglesa e, por isso, não era difícil ver aviões alemães sobrevoando a área. Em uma ocasião, depois de decolar com mais três pilotos mulheres, começou a soar o alarme de ataque aéreo, mas ela continuou subindo ao nível de voo planejado até ouvir um estrondo que fez tremer seu avião. Soou em seus ouvidos o grito de uma de suas companheiras mandando que ela baixasse e voasse rasante, porque as baterias antiaéreas atiravam enfurecidas nos alemães e elas estavam no meio do fogo cruzado. Ao pousar na base, sentiu o avião batendo lata. Um estilhaço do fogo antiaéreo desapareceu com sua bequilha de cauda e, ao aterrissar, veio raspando a cauda na pista. Desceu do avião com as pernas bambas e foi tomar um trago.

Uma vez cumprido o prazo em Hamble, voltou à base de Luton para iniciar novo curso. Os pilotos da ATA estavam divididos em seis categorias. A primeira, na qual se encontrava Margot, estendia-se aos terceiros oficiais que voavam equipamentos monomotores com até 650 HP de potência. A segunda os capacitava a aviões mais rápidos e complexos, como os caças Spitfires, Hurricanes e Mustangs P-51, americanos. A terceira os habilitava a bimotores; a quarta, a bimotores pesados; a quinta, a quadrimotores; e a sexta, a hidroaviões.

Ao levantar-se numa manhã em Luton, descobriu no quadro de mensagens sua transferência para a escola de White Waltham. Em 9 de outubro de 1942, apresentou-se ansiosa: tinha chegado a hora de voar os caças, sua obsessão. Em 23 de novembro de 1942, fez seu primeiro voo num Harvard AT-6, com trem retrátil, até que em 21 de dezembro de 1942 sentou-se pela primeira vez no *cockpit* de um Hurricane. O objetivo agora era adquirir prática no voo dos Spitfires, Typhoons, Tempest, Mustang, Corsair e outros. Trabalhou arduamente, transportando os aviões para que fossem colocados canhões e metralhadoras.

Foi nesse período em Ratcliffe que voou pela primeira vez um Spitfire, e quase não se conteve de satisfação. Levou o avião de Lyneham a Lichfield no final do inverno, e o dia escuro mostrava que as condições atmosféricas não eram boas, com neblina baixa e vento soprando com média intensidade. Para não voar só, decolou junto com Roy, um hindu companheiro de voo, mantendo contato visual e por rádio até o destino. O Spitfire foi seu avião preferido. Os modelos foram variando e se aperfeiçoando com o passar dos anos, e Margot adorava todos. Por medida de segurança, os pilotos deviam voar com as cabines abertas, para poder sair e escapar com vida em caso de acidente, mas Margot nunca o fez, sempre abria a cabine ao aterrissar, ainda mais no inverno.

Terminado o tempo em Ratcliffe, regressou ao Training Pool de White Waltham, em um trabalho mais intenso; a produção de aviões havia aumentado, assim como as baixas e a necessidade de pilotos de transporte. Margot fez voos perigosos e precários em aviões baleados, levando-os até as oficinas, e transportou muitos Hurricanes desde a fábrica da Hawker, em Langley, até Kirkbride na fronteira com a Escócia. As viagens durariam 2 horas e 20 minutos, mas podiam tornar-se longas e cansativas. Era obrigada, muitas vezes, a pousar fugindo de alguma tempestade que durava mais de um dia e, ao entregar o avião, retornava à base de trem, que viajava devagar em decorrência de possíveis danos nos trilhos sofridos pelo bombardeio inimigo. Por vezes tinham que evacuar o trem até que os trilhos fossem restaurados. As viagens só não se tornavam insuportáveis porque a ATA reservava os camarotes para que os pilotos pudessem dormir e descansar para novos voos.

No ar, a rota era a mesma para todos, o que a tornava perigosa. Margot, inúmeras vezes, assustou-se ao quase se chocar com outros aviões em sentido contrário; além do perigo de passar por áreas protegidas por baterias antiaéreas e sofrer um ataque de fogo amigo, já que atiravam em tudo que voava por causa dos alemães que sobrevoavam a Inglaterra com frequência. Um de seus maiores temores, nas viagens com mau tempo, era chocar-se com um observador – homens alçados às alturas, em um balão preso ao solo por uma corda, para comunicarem ataques aéreos alemães.

Muitas vezes, Margot se viu em meio aos observadores, e tinha que prestar muita atenção para não se chocar contra os balões ou os cabos que os mantinham presos à terra.

Uma vez terminado o curso com aviões de caça em White Waltham, foi destinada em definitivo à Esquadrilha 15, dos Ferry Pilots Pool de Hamble, já como segunda oficial. Durante os primeiros meses, voava com todos os modelos de Spitfire novos de fábrica, até que sua alegria terminou ao ser designada para o transporte de um Albatroz com torpedo – um paralelepípedo voador que despencava a cada vez que reduzia o motor para pouso. Outra decepção foi voar num Walrus, que soltava gás tóxico do motor e quase a fez dormir no manche. Certa vez, teve que picar o avião por causa do gás e, entre as nuvens, recuperou os sentidos espantando o sono, sem contar a vontade de vomitar.

Entre um voo e outro, era solicitada pela BBC de Londres a participar de programas dirigidos à Espanha e todas as nações de língua espanhola. A Paramount Pictures fez um filme, no qual foi protagonista, relatando a participação dos latino-americanos como voluntários na guerra.

Começou a voar os bimotores leves, Oxford, até passar aos bombardeiros Wellington, imensos e pesados para manobrar, modelo mais usado em todos os tipos de operações na guerra. Possuía uma cabine muito quente, e Margot e a instrutora voavam muitas vezes só com as roupas de baixo. Ao término de mais um curso, retornou a Hamble como piloto classe quatro e primeira oficial, podendo voar quase todos os tipos de aviões e chegando quase ao topo da carreira permitida a uma estrangeira. Sua esquadrilha nas Ferry Pilots tinha por volta de quarenta pilotos de várias nacionalidades, americanas, canadenses, sul-africanas, australianas, holandesas, polacas e outras.

As comunicações nesse tempo estavam sobrecarregadas pela intensa movimentação da guerra, tanto rádios como telefones não podiam ser usados, e os voos de transporte não conseguiam comunicar seu itinerário.

As pistas operavam com sinais de luz: a luz verde indicava livre pouso, e a luz vermelha, novo tráfego. Margot tornou-se especialista em transportar aviões de caça e uma das mais hábeis a voar com mau tempo. Devido à neblina, voava tão baixo que por vezes sentia a copa das árvores raspando a barriga do avião, em dias que nem passarinho saía do poleiro. Impressionava-se com a diversidade climática da Inglaterra e como o tempo variava rapidamente em um mesmo dia.

A bordo de um Typhoon, no circuito de Martlesham, próximo a Londres, sofreu uma de suas maiores surpresas ao reduzir a velocidade para pouso e baixar o trem. Um objeto passou a seu lado a grande velocidade, perseguido por Spitfires e Typhoons que disparavam ao mesmo tempo. Precisou fazer uma manobra brusca para fugir do fogo, e depois soube que o objeto perseguido era uma V-1 (bomba voadora alemã, que Hitler desenvolveu para bombardear Londres). Os ingleses estavam tentando abatê-la antes que atingisse a cidade.

Os Typhoon Tempest, com motores de quase 5 mil cavalos, e os Spitfires XIV, com hélices de cinco pás, eram os monomotores favoritos de Margot, fortes, velozes, manobráveis e com bonita aerodinâmica. Na cabine, a disposição dos instrumentos era prática e a velocidade de estol baixa, se comparadas ao P-51 Mustang (principal caça americano) e outros similares americanos.

A guerra recrudescia e, entre o inverno de 1942 e o verão de 1943, a ATA perdeu 49 pilotos, entre eles muitas mulheres da esquadrilha de Margot. Em abril de 1944, foi destinada novamente a White Waltham para mais um curso, de modo que se tornasse apta para voar aviões mais pesados, como o Albermale e o Hudson, e também para que fizesse um exame completo em todos os aviões da escola. O Albermale foi o único avião triciclo (com bequilha na frente) que a Inglaterra fabricou durante a guerra. Já estava ciente dos problemas que poderia enfrentar, pois já tinha ouvido todo tipo de comentário negativo a respeito do Hudson. Margot detestava voar os aviões de que não gostava e que eram mais problemáticos, mas não estava passando férias na Inglaterra, e o serviço não lhe deixava alternativa.

Por fim, em 6 de junho de 1944, os aliados invadiram a Normandia, e o serviço na ATA se intensificou. Era necessário repor com rapidez os aviões perdidos em batalha, e as esquadrilhas não podiam se dar ao luxo de ficar sem aviões. Margot corria para entregar aviões, pousando muitas vezes em dois ou três aeródromos antes de acertar o destino. Numa ida a Londres, após quase um mês da invasão, Margot, seu namorado Gordon, sua amiga inseparável Maureen e o embaixador do Chile almoçavam quando ouviram um forte ruído sobre suas cabeças. Segundos depois, o barulho cessou e seguiu uma grande explosão. Era uma V-1. Era a segunda vez que aquela maldita bomba aparecia de surpresa na vida da piloto chilena. Diante da situação, comeram e beberam como se fosse o último dia. Nessa época, ela entrou num processo de depressão pelo esforço e pela tensão no trabalho, que acabou por esgotá-la, assim como acontecia com muitos outros pilotos. A comandante deu a ela quinze dias de descanso. Para Margot, foram suficientes, mas alguns colegas não se recuperavam e eram forçados a abandonar a atividade.

No começo de novembro, o tempo começava a piorar com o início do inverno, e, num desses dias, transportando um P-51 Mustang, Margot se viu em meio à neblina procurando o aeródromo de destino numa zona industrial, entre Wolverhampton e Birmingham; quando avistou o solo, estava no meio dos observadores. Seu coração quase parou de medo de pegar um deles. Foi em meio à neblina também que uma vez deu de cara com um avião em sentido contrário. Os dois viraram rapidamente, cada um para sua direita, evitando a colisão. Quando Margot observou a cauda do avião, viu uma cruz suástica. Era um Messerschimitt 210 alemão tirando fotografias.

Os alemães, numa tentativa de derrotar a Inglaterra, no início de janeiro de 1945, lançaram um grande ataque que resultou em muitas mortes e na perda de muitos aviões. A ATA suspendeu todas as folgas, e os pilotos voavam dia e noite para repor o material perdido. Margot, lotada de trabalho, transportou com urgência os Typhoon, Spitfire, Tempest, e também muitos Sea Otter e Anson, utilizando-os como aviões táxi, buscando e deixando pilotos para acelerar o processo de translado. Em fevereiro, as coisas começaram a melhorar e, em março, chegou a voar catorze tipos de aviões diferentes, entre caças e bombardeiros, transportando um total de 46 aviões em meio ao já conhecido mau tempo inglês.

Havia certa inquietude no ambiente, e já se ouviam rumores sobre o final da guerra. Hitler ditou seu testamento em 29 de abril de 1945. Decidiu se suicidar, e, assim, às 15h30 desse mesmo dia, com 56 anos, deu um tiro na boca, desaparecendo do cenário uma das figuras mais nefastas que o mundo teve o desprazer de conhecer. A Alemanha se rendeu incondicionalmente às 2h41 do dia 7 de maio de 1945, notícia que Churchill deu a conhecer ao Parlamento inglês no dia 8 de maio, dia que a Europa adotou como VE Day, o Dia da Vitória na Europa. A ATA deu três dias de folga a todas as esquadrilhas, e Margot e as amigas foram a Londres comemorar.

Feliz pelo término da guerra, perguntou-se que rumo tomar na vida. Ainda restava trabalho na base, e a ATA entregou aos pilotos várias ordens de voo. De 1944 a 1945, a ATA teve seu maior movimento, com 500 pilotos transportando 78.400 aviões de 99 tipos diferentes, num total de 94.700 horas de voo. Nesse mesmo período, os aviões táxi voaram 40 mil horas em missões diferentes.

Margot, com onze dias de férias, resolveu ir a Paris, porque suspeitava que seus dias na ATA estavam chegando ao fim. Encontrou vários amigos da RAF e foi recebida por Hélène, filha de um diplomata, que a hospedou. Ao voltar a Londres, encontrou a base fechada e ordens para que seguisse a Ratcliffe por três meses. Em 30 de novembro de 1945, a ATA fechou as portas em definitivo, e Margot encerrou sua missão na guerra. Durante sua curta vida, a ATA, de 15 de fevereiro de 1940 a 30 de novembro de

1945, contou com 1.152 pilotos e 166 pilotos mulheres, com um total de mais de 2.786 funcionários voluntários. Perdeu 153 pilotos, 15 dos quais eram mulheres. Margot voou com pilotos de 28 nacionalidades diferentes.

Na volta a Paris, para começar vida nova e tentar incorporar-se à Força Aérea francesa na qualidade de tenente piloto, foi destinada à base francesa de Spitfires em Ouston, fronteira da Inglaterra com a Escócia. Era a única mulher na base. Fez o curso de voo por instrumento e de acrobacia, só que dessa vez o problema era a língua francesa. Começou a se sentir bem novamente e escolheu não voltar ao Chile. Em 4 de abril de 1940, deixou os céus da Inglaterra, tão conhecidos, para dirigir-se à escola de caças em Meknes, no Marrocos, que ainda era governado pela França, mas não sem antes passar por Paris, num voo rasante sobre os Campos Elísios, onde as cruzes de Lorena pintadas na fuselagem dos aviões identificavam os pilotos da França Livre.

Depois de alguns dias de descanso, com companheiros da esquadrilha, passou por Bordeaux e seguiu viagem para a Argélia, do outro lado do Mediterrâneo. Chegar a Meknes não foi assim tão fácil. Ficaram quase sem combustível na travessia e foram obrigados a pousar em uma base inglesa. O planejamento das escalas de voo, considerando a autonomia dos aviões, foi no mínimo temerário. Alguns chegavam ao solo com o motor parado pelo término do combustível na reta final para pouso.

A paisagem impressionou Margot, muito diferente do relevo inglês; no horizonte só se divisava areia, uma imensidão desértica em que não havia nenhum sinal de vida sobre o manto café amarelado. Um ponto branco surgia em meio ao nada e aumentava de tamanho até se tornar a cidade de Meknes.

Desde o princípio, a terra exótica e de curiosos costumes agradou Margot, mas antes que pudesse se adaptar, recebeu uma carta do Ministério do Ar ordenando sua volta a Paris, onde seria alocada na Oficina Francesa de Exportação de Material Aéreo (Ofema), para viajar para a América do

Sul com a missão de exibir o material aéreo e reinaugurar a linha da Air France. Ao chegar à América do Sul, pela Argentina, a aduana atrasou a liberação dos aviões, e ela pediu permissão para ir ao Chile. Em 16 de julho de 1946, colocou novamente os pés em seu país natal como oficial de uma missão francesa. No aeroporto, emocionou-se ao reencontrar a família e não reconheceu os irmãos. A Força Aérea do Chile a recebeu oficialmente, outorgando-lhe o título de Piloto de Guerra *Honoris Causa* e entregando-lhe as asas. Foi homenageada também pela colônia francesa. Quando partiu, carregou um sentimento nostálgico, mas não havia oportunidade de emprego em seu país e ela estava feliz com o trabalho na França. Permaneceu mais um mês agregada à Ofema, até ser realocada em Meknes, voando um Halifax.

Alguns meses se passaram quando foi chamada a Paris para ser destinada à Escola de Planadores de Montagne. Lá recebeu a notícia de que iria receber o título de Cavaleiro da Legião de Honra, o que a deixou feliz e surpresa. A França estava desorganizada. Por ser mulher, não conseguia emprego nas companhias aéreas comerciais, e as dificuldades na Europa pós-guerra eram grandes. Resolveu, então, regressar ao Chile, deixando para trás seis anos de vida no Velho Mundo, onde havia crescido, amadurecido como pessoa, e aprendido muito sobre a vida.

No Chile, a Companhia Aérea Lan precisava muito de pilotos experientes, mas não quiseram contratá-la por ser mulher. Como piloto particular, Margot operou em todo tipo de pista pelo interior do Chile, algumas tão precárias que, antes de aterrissar, fazia uma passagem rasante para espantar os animais e dar ciência às pessoas, que deviam se afastar para que o avião pudesse pousar.

Com a ajuda do então diretor da Aeronáutica Alejandro Schwester, Margot não ficou inativa, ingressando como aprendiz de controlador de voo na torre do aeroporto de Los Cerrillos, em Santiago. A alegria durou até o momento em que o comandante geral Aurélio Celedon, com o auspicioso argumento de que aquele era um trabalho de muita responsabilidade e que não havia em nenhum lugar do mundo uma mulher operando em torres de controle, sacou-a de seu serviço e ela passou a secretariar e examinar alunos.

Em março de 1953, dois importantes membros da Organização Internacional de Aviação Civil (Oaci), que regulamenta, controla e unifica as atividades aeronáuticas em todos os países, chegaram ao Chile. Coincidentemente, os dois tinham voado na RAF nos tempos de guerra, conheciam Margot e prometeram ajudá-la a conseguir uma bolsa para ingressar no curso de controlador de voo nos Estados Unidos.

No dia 2 de abril de 1953, Margot botou os pés em solo americano, encontrando vários amigos no corpo diplomático chileno que tinha conhecido em Londres e Paris durante a guerra. Foi destinada à torre de controle de Youngstown, em Ohio, mas por ser um aeroporto que operava muitos aviões militares, não era permitido o controle por um estrangeiro. Foi direcionada, então, para a torre em Allentown. Para ela, foi o melhor período da estada nos Estados Unidos. Após a passagem do ano, no início de 1954, foi para Nova York se apresentar na torre de controle do Aeroporto Internacional de Idewild, hoje John F. Kennedy, para continuar o treinamento, quando então foi transladada a Washington em sua última etapa, após a qual retornou ao Chile.

Na torre de Los Cerrillos, custou a se acostumar com a pobreza dos equipamentos e instalações de auxílio à navegação aérea, comparados aos dos Estados Unidos. No Chile, o controle era apenas no circuito de tráfego da pista, enquanto nos Estados Unidos já se voavam em aerovias e se fazia o controle de aproximação antes de entrar no circuito de tráfego do aeroporto. No Chile, as companhias aéreas se coordenavam na aproximação e só passavam ao controle da torre quando em contato visual com a pista para receber instruções finais para o pouso. Em 1957, Margot foi destinada à torre de Antofagasta, cargo que exerceu por três anos até voltar a Santiago como chefe da torre de controle de Los Cerrillos.

A Air France, quando inaugurou a rota Paris-Santiago-Paris, convidou-a como passageira de honra e, em fins de 1962, o governo francês ofereceu a Margot um curso de aproximação e vigilância por radar. Passou quase um ano na França, onde aproveitou para rever sua antiga base na Inglaterra e reencontrar os amigos.

Margot se casou três vezes antes de chegar à conclusão de que não devia fazê-lo mais. Embora desejasse, concluiu que seu gênio e sua natureza não tinham sido feitos para o convívio conjugal. Do segundo casamento resultou seu único filho.

Entre os numerosos cargos que ocupou está, em 1967, o de chefe do aeroporto de Tobalada, ao mesmo tempo que era a única instrutora mulher do Aeroclube de Santiago. Em 3 de maio de 1979, foi pela segunda vez destinada pelo diretor de Aeronáutica ao Aeroporto Presidente Carlos Ibanes, de Punta Arenas, como instrutora de voo dos aeroclubes locais e relações públicas do terminal. Em Punta Arenas, viveu por anos e criou seu filho. Em 2009, foi condecorada pela rainha da Inglaterra.

Capítulo 12
MARROCOS

Durante o período em que as potências europeias dominaram o Marrocos, várias fortalezas foram estabelecidas para manter a soberania. O Tratado de Fez de 1912 transformou o país em um protetorado francês e, em 1932, a cidade de Tânger foi transformada em território internacional. O acordo outorgou à Espanha as cidades de Ceuta e Melila, mantidas até hoje. Nesse período, cerca de meio milhão de colonos franceses ocuparam as terras mais férteis de Marrocos.

Os guerreiros berberes representaram uma feroz resistência, derrotando as modernas e bem treinadas tropas da França e da Espanha. Em 1920, os soldados de Abdel El Karim derrotaram 60 mil soldados espanhóis e fundaram a República de El Rif, proclamando-se independentes das nações europeias e rebelando-se contra a autoridade do sultão. Porém, uma ofensiva conjunta dos Exércitos franceses e espanhóis, comandada pelo marechal Phillipe Pétain, acabou com a resistência dos berberes.

Foi nesse quadro político que nasceu Touria Chaoui, em 1936. Em 1956, ela recebeu o sultão Ben Yussef, proclamado rei Mohamed V de Marrocos, com um sobrevoo no aeroporto. O novo monarca declarou a independência marroquina, negociando habilmente a saída das tropas estrangeiras de seu território. Durante seu reinado, a Espanha abandonou as regiões de Tarfaya e Ifni, e o *status* de Tânger como território internacional foi abolido.

Touria Chaoui (1936-1956)

Nascida em uma família burguesa marroquina em 14 de dezembro de 1936, Touria começou sua vida em um país dominado ao sul pela França e ao norte pela Espanha. Em 1943, a resistência ao domínio estrangeiro recrudesceu com a formação do partido Istiqlal, que lutaria pela independência até obtê-la em 1956. Abdelwahed Chaoui, seu pai, foi um dos primeiros jornalistas marroquinos de língua francesa, escrevendo para *O Correio do Marrocos*, publicado em Fez. Dramaturgo, considerado vanguardista, contribuiu para o desenvolvimento do teatro marroquino. O modo de ser de Abdelwahed Chaoui contribuiu muito para que Touria tivesse liberdade e apoio para correr atrás de seus sonhos. Fez os estudos primários e secundários, mas era visível o interesse por tudo que voava. O menor ruído de um motor de avião despertava sua alma.

Com o diploma do colégio nas mãos, Touria tinha apenas uma coisa em mente: ingressar na escola de aviação de Tit Mellil, a única do país. Essa era uma escola reservada à elite francesa, mas, graças ao apoio de seu pai, que tinha amigos influentes, conseguiu uma vaga. Durante três anos, dedicou-se de corpo e alma aos ensinamentos dos professores, pilotos franceses e espanhóis. No dia do seu exame final, uma surpresa desagradável: a previsão era de tempo ruim. Pelas regras da escola, ela tinha o direito de mudar a data, mas os examinadores não o permitiram, e Touria pouco se importou com a decisão. Assumindo o desafio, como era seu estilo, realizou uma apresentação exemplar e recebeu seu brevê de piloto, com honras, em março de 1951, o que fez dela a primeira mulher aviadora do Marrocos, com apenas 16 anos. Um feito incrível, considerando não só o fator religioso, os hábitos e os costumes do povo, mas também o momento histórico do país, sob o domínio francês.

A menina sempre teve forte personalidade, como ilustra a pequena história contada por seu irmão Salah Eddine Chaoui sobre um fato ocorrido em 1953. Nesse ano, a família Chaoui se preparava para retornar

Touria Chaoui sendo entrevistada.

de uma viagem à Espanha e, no aeroporto de Málaga, a bordo de um Caravelle, os membros da tripulação acharam graça do uniforme de aviador usado por Touria. O comandante perguntou ironicamente se o traje era um excesso de elegância. Poucos minutos após decolarem, Touria insistiu em rever o comandante e não retornou mais ao banco dos passageiros ao lado da família. Quando o avião pousou na pista do aeroporto de Tetouan, o comandante se apressou em transmitir a mensagem aos passageiros: "Senhoras e senhores, gostaria de informar que, durante este voo, a aeronave foi pilotada por esta jovem".

Em 16 de novembro de 1955, com a proclamação da independência marroquina, o sultão Mohammed V voltou para casa após dois anos de exílio forçado na Córsega e em Madagascar. Uma eufórica maré humana deslocou-se para acolhê-lo na pista do aeroporto de Rabat. A atmosfera era festiva, com grupos de música nas ruas e vendedores oferecendo flores. No céu, Touria desfilava em seu avião, sobrevoando a cidade, improvisando algumas manobras acrobáticas e lançando panfletos para saudar o regresso do sultão. A notícia sobre a identidade da piloto espalhou-se rapidamente e foi objeto de orgulho nacional. O sultão, que tinha ouvido a notícia, apressou-se a convidá-la ao palácio real para felicitá-la junto com as duas filhas, as princesas Lalla Amina e Lalla Aisha, que simbolizavam a modernidade cristã feminina.

Da noite para o dia, a mídia internacional passou a se acotovelar diante da porta da casa dos Chaoui. Mensagens de congratulações chegavam do mundo inteiro, de associações feministas, mulheres políticas e ilustres desconhecidos. Até mesmo Jacqueline Auriol, famosa piloto de testes francesa, não deixou de enviar uma foto autografada.

Aviadora devotada, Touria Chaoui também foi uma ativista. Sua exibição, em 16 de novembro de 1955, na manifestação de regresso de Mohammed V, estava longe de ser a primeira. Três anos antes, poucos meses depois de deixar a carteira da escola de aviação, fez uma aposta mais arriscada e mais simbólica: voava sobre o bairro de Touarga e lançava panfletos virulentos contra o protetorado. "Foi um ato não apenas corajoso, mas também de grande valor simbólico", disse o veterano da imprensa Abdellatif Jebrou. Para os marroquinos muito religiosos, ver os folhetos caindo do céu marcou seus espíritos.

Inspirada pelo vanguardismo do pai, Touria Chaoui não se sobressaiu apenas no ar, dedicando tempo também a associações e movimentos femininos. Foi convidada a fundar e dirigir uma associação com o nome da princesa Lalla Amina que visava incentivar as mulheres a serem independentes. Touria representava um modelo de modernidade para as mulheres marroquinas, mas também não devemos fazê-la passar por aquilo que não era. Touria não teve tempo para grandes realizações, já que em 1º de março de 1956, aos 19 anos, foi baleada duas vezes por Ahmed Touil quando dirigia seu carro. Ahmed era um resistente que lutara pela libertação de Marrocos do domínio francês e que teria assassinado várias personalidades até ser morto por alguém desconhecido.

No dia da morte de Touria, seu irmão Salah Eddine, com apenas 11 anos, ocupava o assento do passageiro, e nunca mais conseguiu esquecer as imagens que foi obrigado a presenciar. Ainda hoje, não se sabe o verdadeiro motivo do crime. Entre as muitas suposições, a mais provável é a de crime passional. Apaixonado, Ahmed Touil queria se casar com Touria. Tendo participado da libertação do país, muitos resistentes se consideravam semideuses e não admitiam serem recusados em qualquer coisa que fosse. Outra explicação sugere que Ahmed, com a ajuda de outros resistentes, viu com maus olhos o relacionamento de Touria Chaoui com um piloto do Exército francês, chegando até a acusá-la de traição. Salah, irmão de Touria, considera essa versão um absurdo e um insulto à memória da irmã. Aqueles que a mataram visavam principalmente ao que ela simbolizava. Não é à toa que foi morta na véspera da comemoração da independência de Marrocos. O mistério, no entanto, permanece.

Meio século depois, a primeira mulher aviadora de Marrocos não significa muito para a maioria dos marroquinos. Seu nome aparece raramente nos livros didáticos e de história. Mesmo os pilotos de avião atuais sabem pouco sobre ela. Esquecida em seu país, negligenciada por aqueles que escreveram a história do reino, a família Chaoui não mediu palavras para comentar esse esquecimento: "Estamos chocados com a maneira pela qual Marrocos tratou oficialmente a memória de nossa filha", chegou a lamentar um de seus parentes.

Com exceção de uma pequena rua que leva seu nome, nada foi feito para honrar sua memória. Seu irmão Salah, pintor de renome que preferiu deixar o país, diz que, certa vez, um cineasta marroquino teve a intenção de fazer um filme sobre a vida de Touria, mas, depois de algumas reuniões, simplesmente desapareceu. Mais tarde, foi a vez da equipe da emissora de TV TVM o abordar, querendo fazer um documentário hipotético. Não houve resultado, até que a Aviação Foxtrot, uma empresa francesa especializada, entre outras coisas, na formação de pilotos e em voos publicitários, disse querer montar um esquadrão de voo batizado de Touria Chaoui ao se instalar no Marrocos. Seria composto de cinco jovens marroquinas, formadas gratuitamente pela Aviação Foxtrot por três anos para se exibirem em salões de exposições tanto em Marrocos como no exterior. Seria o início do reconhecimento de Touria na história do país.

Epílogo

No início do livro, comento alguns fatos históricos que ligam o Brasil e a França numa coincidência curiosa em relação ao pioneirismo aeronáutico. Um brasileiro inventou o balão e, anos mais tarde, os franceses o desenvolveram a ponto de carregar pessoas. A França avançou nos estudos aeronáuticos quando outro brasileiro, inventor, mudou-se para Paris e ganhou um prêmio com seu dirigível e outro por ter construído e voado o primeiro avião. Santos Dumont e França viravam notícia em todo o mundo. Os franceses desenvolveram e produziram diversos modelos de aviões fabricados por diversos países. Todos utilizaram os modelos franceses, inclusive o Brasil. A primeira mulher no mundo a tirar os pés do chão num balão foi francesa, como também a primeira a se brevetar oficialmente anos mais tarde. A França não parou, e nem o Brasil, que hoje possui uma das melhores indústrias aeronáuticas, a Embraer.

Segundo a jornalista investigativa Leslie Kean (que mora em Nova York) em seu recente livro, *Óvnis – Militares, pilotos e o governo abrem o jogo*, o governo da França é geralmente reconhecido pela manutenção da mais produtiva, científica e sistemática investigação governamental sobre os óvnis do mundo, durante mais de trinta anos ininterruptos. A agência francesa hoje chamada Grupo de Estudos e de Informações sobre Fenômenos Aeroespaciais Não Identificados (Geipan) é parte da agência espacial francesa conhecida como Centro Nacional de Estudos Espaciais (CNES), o equivalente francês da Nasa, e serve de modelo para outros países que a têm consultado. Sua missão não está ligada a questões de defesa, e sim à investigação dos fenômenos óvnis, disponibilizando ao público suas descobertas.

França, Brasil, Reino Unido, Chile, Suécia e mais uns poucos países têm hoje abertos seus arquivos sobre os óvnis para consulta pública e pesquisa. A melhor fotografia de óvnis tirada no mundo, de acordo com as investigações de Leslie, foi feita no Brasil. Agora só nos resta esperar para ver quem de nós inventará a primeira nave espacial intergaláctica e, o mais importante, qual será a primeira mulher a pilotar uma delas.

Referências

ALAOUI, Mehdi Sekkouri. Histoire. La pionnière du ciel. *TelQuel*, n. 281, du 7 au 13 juillet 2007.

ALMEIDA, Fernando de. Ada Rogato. *Revista Motor*, n. 3, mar. 1981.

BENAIN, Valerie; HALLE, Jean-Claude. *A Rosa de Stalingrado*. São Paulo: Record, 2009.

BRIZA, Lucita. *Ada:* mulher, pioneira, aviadora. São Paulo: C&R Editorial, 2011.

GULLY, Patti. *Sisters of Heaven*. San Francisco: Long River Press, 2008.

JORGE, Fernando. *As lutas, a glória e o martírio de Santos Dumont*. Rio de Janeiro: Geração Editorial, 2006.

LEBOW, Eileen F. *Before Amelia:* women pilots in the early days of aviation. Washington: Potomac, 2002.

LIMA NETO, Augusto de. *Anésia:* a brasileira decana da aviação feminina mundial. Lisboa: Universitária Editora, 2016.

NAKAMURA, Eiko. *Tadashi Hyodo, sora wo tobimasu!* [Tadashi Hyodo, vou voar!]. Atlas Publishing, 2000. (Tradução para este livro: Ênio Kawaguchi de Melo)

OVTCHAROV, Lyuben. *Poletŭt na samaryankata* [*O voo da voluntária*]. Eŭr Grup, 2010. (Tradução para este livro: Mihail Krastanov)

PAVLOVCIC, Gabriel Tomás. *Las mujeres en la aviación argentina*. Argentinidad, 2010.

QUÉTEL, Claude. *As mulheres na guerra, 1939-1945*. São Paulo: Larousse, 2009.

RICKMAN, Sarah B. *Nancy Love and the WSAP Ferry Pilots of World War II*. Denton: University of North Texas Press, 2008.

SALZ, Hanus. *La aviadora*. Ostrov, 2009. (Tradução para este livro: Johanna Cardoso e Vera P. Valente)

VALDEZ, Magdalena Silva. *Margot Duhalde, aviadora*. Santiago: Editorial Karnak, 1991.

WIKIPÉDIA. Verbetes: Lydia Zvereva; Raymonde de Laroche. Disponível em: <www.wikipedia.org>. Acesso em: 22 jan. 2018.

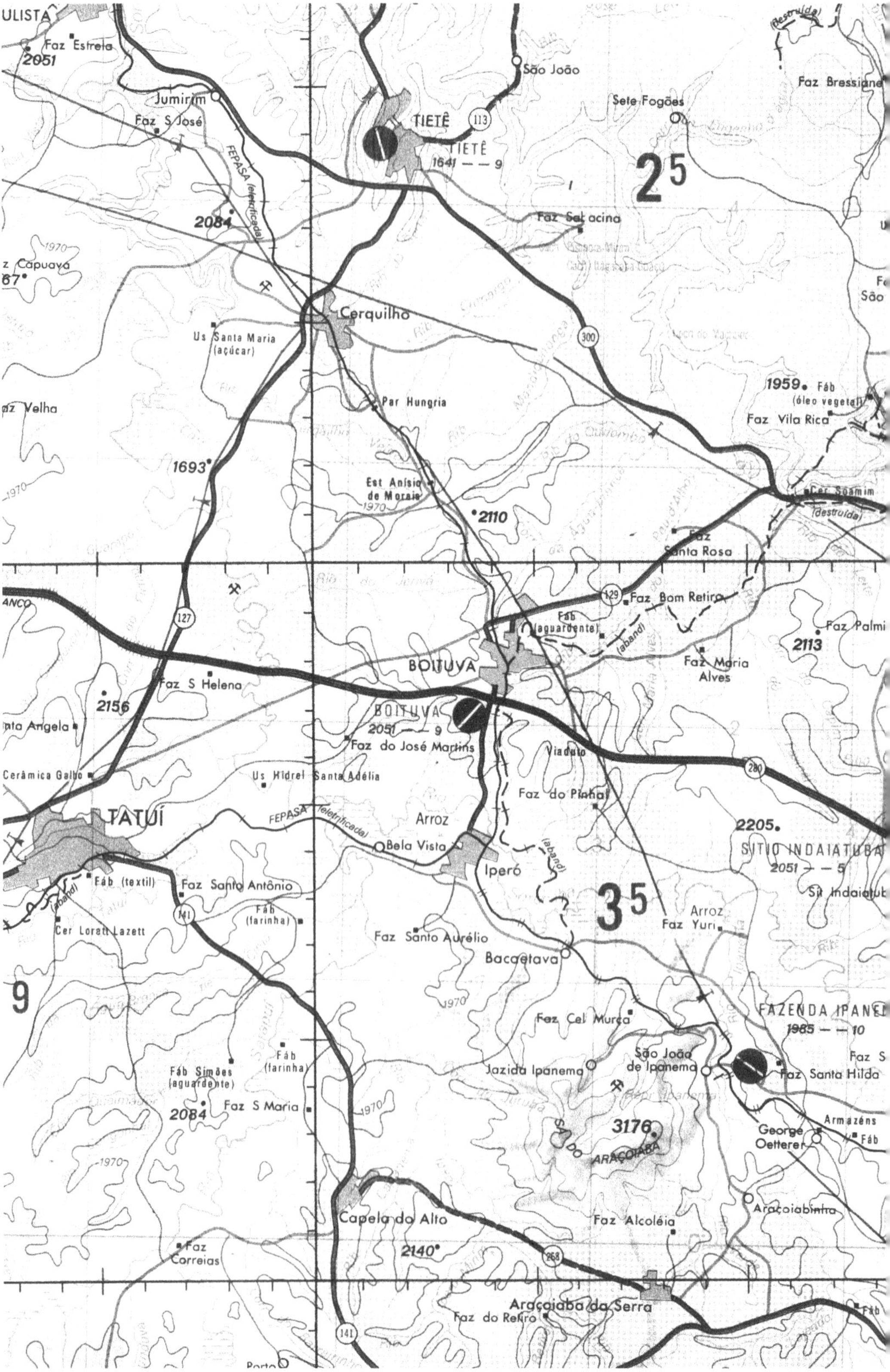

ULISTA
Faz Estrela
2051
Jumirim
Faz S José
FEPASA (eletrificada)
2084
Capuava
Velha
1693
TIETÊ
113
TIETÊ
1641 — — 9
São João
Sete Fogões
25
Faz Bressiane
Faz Saracina
Cerquilho
Us Santa Maria (açúcar)
300
Par Hungria
Est Anísio de Morais
1970
2110
1959 Fáb (óleo vegetal)
Faz Vila Rica
Cer Soamim
(destruída)
Faz Santa Rosa
129
Faz Bom Retiro
Fáb (aguardente)
(aband)
Faz Palmi
2113
Faz Maria Alves
BOITUVA
127
Faz S Helena
2156
Santa Angela
BOITUVA
2051 — — 9
Faz do José Martins
Viaduto
280
Cerâmica Galbo
Us Hidrel Santa Adélia
Faz do Pinhal
TATUÍ
FEPASA (eletrificada)
Arroz
Bela Vista
Iperó
2205
SITIO INDAIATUBA
2051 — — 5
Sít Indaiatuba
Fáb (textil)
Faz Santo Antônio
141
Fáb (farinha)
Cer Lorett Lazett
35
Arroz
Faz Yuri
Faz Santo Aurélio
Bacaetava
9
FAZENDA IPANEMA
1985 — — 10
Faz Cel Murça
São João de Ipanema
Jazida Ipanema
Faz Santa Hilda
Fáb Simões (aguardente)
Fáb (farinha)
2084
Faz S Maria
3176
S do ARAÇOIABA
George Oetterer
Armazéns
Fáb
Araçoiabinha
Capela do Alto
Faz Alcoléia
2140
268
Faz Correias
Araçoiaba da Serra
Faz do Retiro
141
Porto